KB179926

쓸모 있는 철학

철학의 거장 33인에게 배우다!

감수 **히라하라 스구루**　　만화·일러스트 **유키하라 나리**

▶ 프롤로그

도심 한 곳에 조금 특이한 고민 연구소가 있었다.

아…
날씨 좋다! 정말 철학적인 날씨야.

아~ 철학 이야기 좀 했으면… 많은 사람들과 토론하고 싶어!

응?
저 여성은….

하!
어떻게 된 걸까?
고민하는 직장 여성
에리카

번쩍

콰당
탕
철학의 향기가 난다!

응?

철학 고민 연구소
여기에 이런 건물이 있었나?
철학 고민 연구소

하~
그런데 철학은 왠지 어감부터 어려워.
일상생활에 도움이 될지 어떨지도 모르겠고.

철학…고민 연구소?

깜짝

그렇지 않습니다, 숙녀분!

엄마야!
누…
누구세요?
나는 이
연구소의 철학자
플라톤이라고
합니다.
플라
라

하하하,
철학이야말로
보다 잘 살기 위해
필요한 '사고방식'을
찾아내는 멋진
학문이죠.
플라톤
B.C.427~B.C.347
고대 그리스의 철학자

하지만 저는
그런 대단한
고민이 있는 게
아니라….
괜찮아요!
인생의 어떤 사소한
고민에도 철학은
도움이 됩니다!

그럼 제 고민도
철학이 싹
해결해주나요?
네?
할 수
없다고요?
아뇨…
안타깝지만
그건 할 수
없습니다.
NO…
철학은
어디까지나
'본질'과 '사고
방식'을 논하는
학문이지요.
물론
여러 철학자의
생각에서 배워야
할 것은 많지만….

가령, 사람에 따라 그때그때 먹고 싶은 음식이 다르잖아요? 당신이 어떻게 살지 생각해 그 방법을 이끌어낼 수 있는 것은 당신 자신 뿐입니다.
확실히 그럴지도…?
걱정 말아요!
나와 대화를 나누다보면 분명 알게 될 거예요!
저희 철학 고민 연구소에 오신 것을 환영합니다!
어?
어?

차 례

CONTENTS

제1장 철학의 문을 열다
철학자와의 만남

제2장 욕구불만 해소!
편안한 삶을 위한 철학

부록 관련 용어의 관계를 한눈에!

철학 용어 정리

제3장 고대부터 초현대까지

꼭 알아야 할 철학자 33인

철학 고민 연구소 연구원 소개

연구소에 소속된 철학자들. 고민하는 사람이 있으면 연구소뿐 아니라 어디든 나타난다.

당시 모습

René Descartes

르네 데카르트

p.36 / p.182

'근대 철학의 아버지'로 불리는 프랑스 출신의 철학자. '모든 것을 의심'하는 사고법을 통해 보편적인 인식을 보여주려 했다. 기본적으로 사람과의 교류를 좋아하지 않고 방랑벽이 있다.

흠…
어디서부터
의심해야 좋을지
모르겠으면
모두 의심해
보는 건
어때?

상담자

고민하는 고등학생

마나부

성적이 뛰어난 고등학교 남학생. 부모의 뜻에 따라 유명 대학에 진학하는 것에 의문을 갖는다.

당시 모습

스승

소크라테스

p.113
p.176

Plato

플라톤

p.2 / p.24 / p.178

고대 그리스의 철학자. 날마다 스승인 소크라테스와 마주하며 '선한 삶이란 무엇인가?'라는 질문에 대한 답을 찾는다. '철학적인 대화'를 매우 좋아한다.

보다
선하게 살기
위해서는
몸 건강에
신경 쓰듯이
영혼에도
배려를
해야 하지
않을까요?

상담자

고민하는 직장 여성

에리카

SNS 사용법으로 고민하는 직장 여성. 내키지 않으면서도 매일 '좋아요'를 누르게 된다.

우수한 후배

위대한 선배

당시 모습

Georg Wilhelm Friedrich Hegel

게오르크 헤겔

p.48 / p.196

칸트가 주장한 철학을 발전적으로 완성시킨 독일의 철학자. 사회의 모순과 문제를 원리적인 사고에 따라 해결하려 시도했다. 긍정적이고 성실한 현실주의자다.

당시 모습

Immanual Kant

임마누엘 칸트

p.48 / p.194

근대 철학을 대표하는 독일의 철학자. 인간의 이성을 기초로 자유와 도덕의 원리를 이끌어내려 했다. 시간을 정확히 지키고 하루 일과인 산책도 거르지 않는다.

그건 옳지 않아요. '정의'에 어긋나는 일입니다.
그거야말로 인간의 '자유'예요!

상담자

고민하는 파견 사원

하루코

상사의 갑질로 힘들어하는 직장 동료를 도와줄 수 없어서 고민한다.

당시 모습

Friedrich Nietzsche

프리드리히 니체

p.76 / p.208

삶의 의미를 근원적으로 물으려 했던 독일의 철학자. 강자에 대한 약자의 시기심을 '르상티망(ressentiment)'이라고 불렀다. 철저히 긍정적인 사고의 소유자.

상담자

고민하는 영업 사원

다구치

자신보다 우수한 직장 동료 때문에 안절부절 못한다. 후배에게 불만을 발산하려 불평을 늘어놓는데…

당시 모습

Søren Aabye Kierkegaard

쇠렌 키르케고르

p.64 / p.206

철학 역사상 최초로 만인에게 보편적인 진리가 아닌 주체적 진리, 즉 '나에게 있어서의 진리'를 찾으려고 했던 덴마크의 철학자.

상담자

고민하는? 여성

히로에 & 미유코

결혼에 대한 꿈을 갖고 있지 않은 히로에와 이상적인 남성의 출현을 꿈꾸는 미유코. 어느 쪽이 옳을까?

당시 모습

Hannah Arendt

한나 아렌트

p.100 / p.226

독일 출신의 철학자. 유대인 박해를 피해 미국으로 이주, 귀화한다. 전체주의의 구조를 밝히고 그 배후에 있는 인간의 심리를 분석했다.

당시 모습

Georges.Bataille

조르주 바타유

p.88 / p.224

니체에게 영향을 받아 독자적인 철학을 발전시킨 프랑스의 철학자. 「에로티시즘」론에서는 미(美)와 연애에 관한 본질을 날카롭게 지적한다.

악은
악인이 만드는 게 아니라 생각을 멈추는 보통 사람이 만들죠.

상담자

고민하는 대학생

하루카

인간관계에 지쳐서 동아리를 탈퇴한 대학생. 과연 그 판단이 옳았는지 고민이다.

그런데 이상하지 않아요?
'불륜'은 금지되어 있는 행위인데 소설이나 드라마, 영화는 불륜을 소재로 한 것이 넘쳐나요….

상담자

고민하는 청년

코지

좋아하는 사람 앞에서는 떨려서 아무 말도 못하는 자신을 어떻게 하지 못해 상담소 문을 두드린다.

왜, 지금 '철학'인가?

「철학」 하면 무엇이 떠오를까? '어려울 것 같다' '실용적이지 않을 것 같다' '명언' '니체'…… 아마 대부분 학문적이고, 실용적이지는 않다는 것이 첫인상일 것이다. 그러나 일상생활에서 이런 기분이 든 순간은 없을까?

왠지 살기 힘들다

답답함을 느낀다

삶에 자신감이 없다

철학의 역사를 더듬어보면 유명한 철학자가 나타나는 것은 사람들이 이런 어렴풋한 불안을 느끼는 시대였다. 기존의 가치관이 무너지고 새로운 가치관을 세울 필요가 생겼을 때, 그런 분위기 속에서 철학이 출현해 발전했다. 예를 들어 고대 그리스의 신화적인 가치관이 무너졌을 때 나타난 사람이 플라톤이다. 「나는 생각한다, 고로 나는 존재한다」는 말로 유명한 데카르트는 중세 유럽의 기독교적 가치관이 흔들리는 시대에 출현했다. 그리고 기독교의 존재감이 더욱 희박해져 사람들이 신이 아닌 스스로 삶의 방향을 결정해야 하는 시대에 나타난 철학자가 니체다.

그렇다면 현대는 어떨까? 다양한 가치관과 다양성이 인정되는 자유로운 시대지만 '격차' '고독' '불안' 같은 부정적인 감정은 여전하다. 기술 혁신은 보통 사람은 생각지 못할 속도로 빠르게 진행돼 현재 있는 직업이 과연 장래에도 존재할지 어떨지 알 수 없을 정도다.

철학(philosophy)의 어원은 '필로소피아(philosophia)'로, '지(知)를 사랑하다'라는 의미의 그리스어다. '생각하는 것을 사랑하는 것'이 본래의 철학이다. 자신이 어떻게 생각하고, 어떤 목적을 가지고 살아갈지 스스로 근본부터 생각하는 것이 '철학'이다. 그 생각하는 힌트를 주는 것이 과거의 철학자들이 평생을 걸고 사고한 성과라고 할 수 있는 철학서이며 철학의 역사다.

미래에 대해 확실한 답을 찾기 어려워진 지금, '스스로 생각하는' 방법(원리)과 습관을 갖는 것은 앞으로의 시간을 '잘' 살아가는 데 큰 힘이 된다. 물론 그런 심오한 목적이 없는 사람에게도 철학은 도움이 된다. '스스로 생각하는' 습관은 '미움받고 싶지 않다' '자신감이 없다' '불안하다'와 같은 일상의 고민을 해결하는 힘이 되어줄 것이다.

먼저 '스스로 생각하는' 연습부터 시작하자!

우선 도전!
철학자의 말에 대해
스스로 생각하는 연습
철학자의 말을 선입견 없이 스스로 생각해보자.
또 '생각하는 힌트' 페이지를 참고해
사고를 발전시키자.
약 2,500년 전 그리스
그냥 사는 것이
아니라 선하게 사는
것이 중요하다
플라톤
Plato
B.C.427 ~ 347
소크라테스
Socrates
B.C.470? ~ 399

\ Let's think! /

'선하게 산다'는 것은 어떤 걸까?

선(善)이란 무엇일까? 어떻게 사는 것이 선한 걸까? 고대 그리스 시대에 살았던 플라톤과 그의 스승 소크라테스는 철학 역사상 최초로 이 주제와 마주했다. 소크라테스는 '자기 내면에 있는 영혼이 최선의 상태가 되도록 배려해야 한다(영혼의 배려)'고 말한다. 그리고 많은 돈을 벌고 자신의 지위나 명예를 높이는 것만으로는 영혼이 최선의 상태가 될 수 없다고 생각했다.

생각하는 힌트 p.24~35

약 400년 전 프랑스
나는 생각한다,
고로 나는 존재한다
르네 데카르트
René Descartes
1596 ~ 1650

\ Let's think! /

'나'란
무엇인가?
자신의
존재에 대해
생각해보자.

생각하는 힌트 p.36~47

17세기 프랑스에 살았던 데카르트는 '이성적으로 생각하면 모든 사람이 받아들일 수 있는 지점에서 철학을 출발시켜야 한다'는 생각을 명확히 내세웠다. 그리고 '이성으로 불리는 능력이 모든 사람에게 천부적으로 동등하다'는 전제하에 모든 존재를 의심하고, 또한 '의심하고 있는 나'의 존재는 의심하지 않는다는 「나는 생각한다, 고로 나는 존재한다」는 진리를 확신한다. 이 '방법적 회의(方法的懷疑)'는 모든 사람이 해볼 수 있어서 철학의 보편성의 이념을 나타낸다.

약 200년 전 독일
대립하는 의견을
통일하는 것으로
자유로운 사회가
실현된다
게오르크 헤겔
Georg Wilhelm Friedrich Hegel
1770 ~ 1831

\ Let's think! /

다른 의견을
가진 사람과
토론해
착지점을
발견하자.

생각하는 힌트 p.48~63

18 세기 말 프랑스 혁명 후에 나폴레옹이 나타나 혁명의 이념을 유럽 전역에 널리 퍼뜨렸다. 그것은 개인의 자유와 평등을 주장하는 자유주의의 흐름으로 이어졌다. 개인의 의견이 대두되는 시대에 헤겔은 모든 사람의 '자유'를 실현하는 원리(방법)를 생각했다. 그리고 각자 자신의 욕구 중에서 진짜 '좋은 것'을 골라내 각자의 '좋음'을 서로 수용(상호 승인)하는 것으로 이상적이고 자유로운 사회가 실현된다고 생각했다.

약 130년 전 독일
자신보다 강자에게
느끼는 반감은
'노예 도덕'이다
프리드리히 니체
Friedrich Wilhelm Nietzsche
1844 ~ 1900

\ Let's think! /

왜 타인에게 시기심을 느낄까? 그 이유를 찾아보자.

생각하는 힌트 p.76~87

과학이 발전하면서 기독교적 가치관에 한계가 보이기 시작한 시대. 니체는 '신은 죽었다'고 선언하며 기독교의 도덕을 '노예 도덕'이라고 비판했다. 다른 것에 비해 뒤떨어지는 사람, 약한 사람을 '선한 사람'이라 하고, 강한 인간을 '악인'이라 생각하는 것은 시기심(르상티망)을 배경으로 한 가치의 역전이라고 생각했다. 그리고 타인과 비교하지 않고 무엇이 좋고 무엇이 나쁜가에 대해 자신의 내면으로부터 가치 기준을 찾는 것이 신이 없는 시대에서의 '윤리'의 원리로 삼았다.

약 50년 전 미국
생각하기를 포기하면
누구나 악인이
될 수 있다
한나 아렌트
Hannah Arendt
1906 ~ 1975

\ Let's think! /

일상에서
느끼는 작은
거리낌을
자각해보자

20세기 독일에서 유대인으로 태어난 아렌트는 나치의 박해를 피해 미국으로 망명했다. 제2차 세계대전 후 나치 간부였던 아돌프 아이히만의 재판을 방청하고 유대인의 박해는 사고와 판단을 정지한 평범한 인간에 의해 이루어졌다는 의견을 갖는다. 생각하기를 포기하고 타인의 의견에 맡길 때 인간은 악마가 될 수 있다. 아렌트는 그것은 특별한 일이 아니라 보통 사람들에게도 일어날 수 있는 일이라고 날카롭게 지적한다.

생각하는 힌트 p.100~111

철학은 모든 사람에게 열려 있는 '무대'

사람들에게 준비되어 있는 것은 누구나 참가할 수 있는 '철학' 무대. 철학적인 '개념'이 놓여 있는 테이블을 둘러싸고 다양한 의견을 나누는 모습을 상상하면 된다.
입장·퇴장 자유
참가 자유
조금 피곤하네…
나도 좋은 생각이 떠올랐어요.
개념
으음…
테이블 위에는 '이데아' 등 개념으로서의 단어(주제)가 놓여 있다. 모두를 납득시킬 수 있으면 새로운 개념(단어)으로 교체될 수도 있다.
※ 플라톤이 주장한 사물의 진실의 모습
슬슬 다른 무대를 보러 가자.
여러 무대가 존재하고, 각각 다양한 철학적 개념에 대한 토론이 이루어진다. 물론 어느 무대든 출연자와 관객 모두 자유롭게 출입할 수 있다.

철학을 즐기기 전에 알아두어야 할 5단계

STEP 1 초보자는

철학자의 '명언'에서 답을 찾아서는 안 된다

'철학'이라고 하면 '훌륭한 철학자가 한 유명한 말을 알고, 그것을 인생을 살아가는 영혼의 식량으로 삼는 학문'이라고 생각하는 경향이 있다. 그러나 철학이 우리에게 주는 것은 삶의 정답만이 아니라 '어떻게 살 것인지' 생각하기 위한 원리(방법)다. 과거 철학자들의 사상은 당시 상황하에서 생겨났다. 철학이란, 그 사상을 지금·여기를 사는 자신에게 반영해 자신을 납득시킬 답을 이끌어내기 위한 도구다.

STEP 2 스스로 생각하는 습관 갖기

철학자의 말을 그대로 받아들이기 전에 먼저 스스로 생각해본다

역사를 헤치고 나와 현대까지 이어진 철학자의 말(명언)에는 큰 힘이 있다. 알기 쉽고 강한 인상을 주어서 '사실을 전달하는 게 틀림없다'는 느낌을 갖게 한다. 그러나 나 자신에게도 딱 들어맞는 옳은 말일까? 무조건 명언을 받아들이는 것을 일단 보류하고 곰곰이 생각해볼 필요가 있다.

STEP 3 자, 원서에 도전하자

철학서를 한 번 읽는 것만으로는 이해할 수 없다

철학 사상을 이해하기 위해서는 원서를 읽는 것이 중요하다. 그러나 한 번 읽어서는 이해하기 어렵다. 밑줄을 긋거나 메모하면서 여러 번 읽어야 한다.

STEP 4 원서를 읽고 이해한다

널리 알려진 철학자라고 해서 문장을 이해하기 쉽게 쓰는 것은 아니다

저명한 철학자라고 해서 문장의 달인은 아니다. 이해하기 어려운 글을 쓰는 인물도 많다. 어렵다고 자신의 이해력에 좌절하지 말고 끈기 있게 저자의 의도를 파악하려는 마음가짐으로 읽어나가자.

STEP 5 철학에 흥미가 있다면…

가능한 한 친구나 동료와 생각한 것을 공유한다

혼자 생각하다보면 문득 곁길로 새는 느낌도 든다. 자신의 의견을 내놓을 수 있는 친구나 동료, 커뮤니티를 갖자. 철학에 흥미가 있는 사람끼리 철학 독서 모임을 하는 것도 좋은 방법이다.

제1장

철학의 문을 열다

철학자와의 만남

<철학 고민 연구소>의 철학자들이
각 등장인물의 고민을 해결하면서
'철학하는 것'에 대해 알기 쉽게 설명한다.
'철학=어렵다'는 이미지가 완전히 바뀐다.

SNS를 올바르게 사용하려면?

후후후…
소크라테스 선생님은 존경하는 나의 스승으로
나는 원래 정치가를 꿈꾸다가 그의 철학에 감명을 받아 이 길로 들어섰죠!
오오오! 소크라테스 선생님을 아시는군요?
두두두…
조금 특이한 분으로, 사람들과 논쟁 벌이기를 좋아하고, 완전히 논파해버리는 습관이 있어서 그분이 걸어간 길에는 패자의 산이….
그래서 내가 세상에 선생님의 철학을 널리 알리기 위해 이 연구소에 있는 겁니다.
타고라스
법률
소크라테스의 변명
파이드로스
국가〈상〉
고르기아스
와, 열의가 대단하시네요 …!

시무룩..
…SNS가
무서워요.

자,
이제 당신의
고민을
들어봅시다.

그게…
아까 말한
대로 사소한
고민인데

요즘 갈수록
유행인 거
아시죠?
그래서 저도
늦게나마
시작했는데…

무섭다
…?

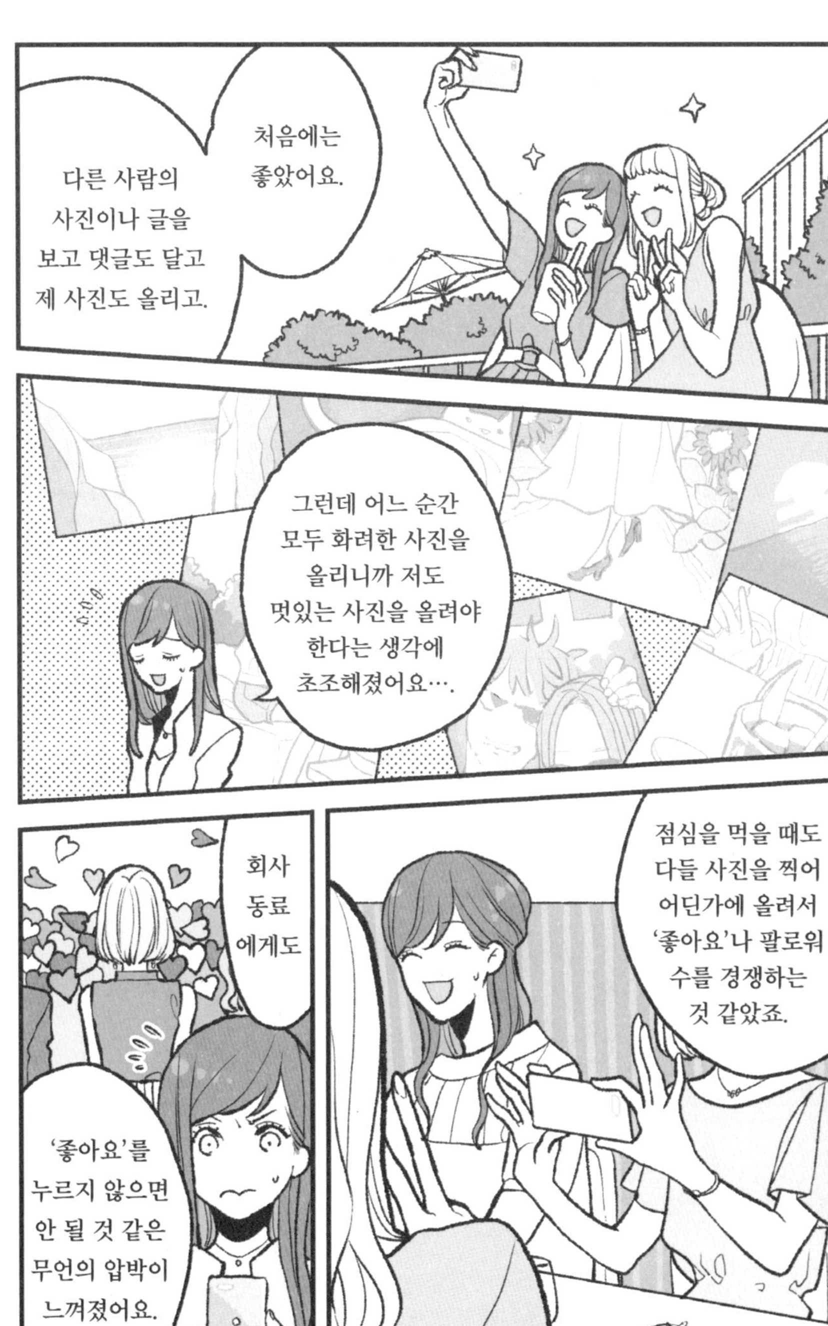
처음에는
좋았어요.
다른 사람의
사진이나 글을
보고 댓글도 달고
제 사진도 올리고.
그런데 어느 순간
모두 화려한 사진을
올리니까 저도
멋있는 사진을 올려야
한다는 생각에
초조해졌어요….
점심을 먹을 때도
다들 사진을 찍어
어딘가에 올려서
'좋아요'나 팔로워
수를 경쟁하는
것 같았죠.
회사
동료
에게도
'좋아요'를
누르지 않으면
안 될 것 같은
무언의 압박이
느껴졌어요.

으음….

즐거워야
하는데 왠지
개운하지가
않았어요.
이 기분은
뭘까 하고….

…SNS에서
사람들이 당신
비위를 맞춰줬죠?

그,
그게…
흠칫
괜찮아요! 어떤
형태로든 갈채를 받고
싶은 욕망은 누구나
갖고 있어요.
물론
그것으로
만족할 수
있다면
문제가
없어요.
고대
그리스에도
그런 사람은
많았죠.

그럼

당신은 '영혼의 배려'에 대해 생각한 적 있나요?

그런데 당신은 그것이 뭔가 개운치 않다….

네….

영혼…?

역시 이상해!

보다 선하게 살기 위해서는 몸 건강에 신경 쓰듯이
영혼에도 배려를 해야 하지 않을까요?

아,
영혼이란, 요즘 말하는 성격·내면이나 관심 같은 거예요.
아

예를 들자면,
그 옷은 정말
입고 싶어서
입었나요?

네?
그게….

그 식사 메뉴는
진짜 먹고 싶어서
고른 건가요?

그 장소는 정말
가고 싶었던
곳인가요?

…그렇구나. 이렇게 해서 어떻게 살면 기분이 좋은지를 생각해 선택하면
차츰 파악할 수 있을지도 몰라….

…사실 나는 바지가 편해서 좋아하고
양식보다는 일식파에,
휴일에는 혼자 집에서 뒹굴거리고 싶을 때도….

활짝

그래요!

그렇게 해서 자신과 마주한 채 생각하는 것이

바로 철학의 시작이에요!

▸▸▸ 더 알고 싶으면 p.178

선하게 살려면 '영혼의 배려'를 의식하자!

고민하는 직장 여성 에리카의 마음이 개운하지 않았던 이유는?

하루 중 시간이 날 때마다 SNS를 확인하는 사람이 많다. 친구나 유명인의 게시글이나 사진을 보기도 하고 자신의 근황을 올리기도 한다. 그럴 때 '좋아요'의 수가 많을수록 기분이 좋지만 하나도 없을 때는 우울해진다. 그 기분의 바탕에 있는 것은 '자신을 봐주었으면 좋겠다' '평가받고 싶다'는 자기 가치 승인에 대한 욕망이다. 현대뿐 아니라 고대 그리스 시대에도 '명예욕'으로 불리며 존재한, 누구나 갖고 있는 욕망 중 하나다.

당시 그리스에 살았던 플라톤의 스승 소크라테스는 '영혼의 배려'에 대해서 말한다. 이 경우 영혼은 인간의 정신성으로, 마음 본연의 상태를 가리킨다. 사람에게 평가받는 삶이 무조건 자신이 바라는 삶이라고 할 수 있는지 자신의 내면을 돌아보고 음미해서 확인하라고 호소했다. 인간이 정말 배려하고 돌봐야 할 것은 지위나 명예 같은 체면보다 자신의 내면이 아닐까 하고 사람들에게 질문을 던진 것이다.

플라톤을 해독하는
KEY WORD

영혼의 배려

영혼을 배려해서 자기답게 산다

진짜 생각해야 할 것은 세간의 평가를 높이는 표면적인 모습이 아니라 자신의 내면을 배려하는 것이다. 보다 선하게 살기 위한 길을 찾는 것으로, 본래 자신의 삶이 보인다.

그냥 사는 것이 아니라 선하게 살라

자신에게 '선(善)'이란?

영혼을 보다 선한 방향으로 나아가게 할 것. 소크라테스는 자신의 내면을 배려하지 않고 타인의 시선을 의식하며 사는 것만으로는 '선하게 산다'고 할 수 없다고 했다.

『소크라테스의 변명』『크리톤』

'선하게 산다'는 것은 어떤 걸까?

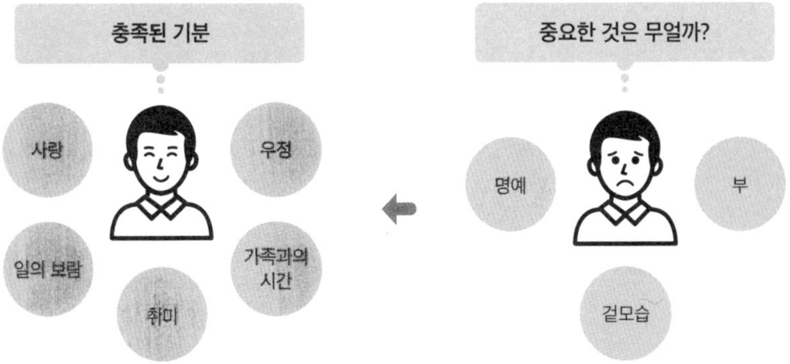

자신이 진짜 추구하는 것, 또 추구해야 할 것에 대해 진지하게 생각한다. '선(善)'과 '미(美)' 같은 어려운 것을 생각하지 않아도 일상생활에서 자신의 기분이 충족되느냐가 중요하다.

돈과 사회적 지위를 얻거나 외모를 가꾸는 것으로 타인의 평가는 높아질 수 있지만 그것이 반드시 자기 내면을 단련하는 것과 직결되지는 않는다.

철학적 사고의 원천은?

'진리를 추구한' 플라톤의 인물상에 대해 알아본다!

스승 소크라테스와의 만남이 플라톤의 인생을 바꾸었다.

플라톤×에리카

스승 소크라테스를 만난 게 언제였어요?
읽음 08:00

내가 10대, 선생님은 60대였죠. 나는 정치가를 꿈꿨는데 진리를 탐구하는 선생님의 모습에 충격을 받았어요. 그 후 완전 숭배자가 되었죠.
읽음 08:05

인간에게 매료된 거군요~
읽음 08:05

당시 그리스 사회에서는 사회적·정치적으로 성공하는 것이 가장 중요했어요. 그래서 변론 테크닉을 가르치는 소피스트★1 라는 직업이 큰 인기였죠.
읽음 08:07

★1
B.C.5세기경부터 아테네를 중심으로 주로 부유층에게 수업료를 받고 변론술과 정치·법률을 가르친 지식인. 사람을 설득하는 것을 목적으로 했기 때문에 진리와 윤리의 기준이 방치되는 경향이 있다. 대표적인 인물에 프로타고라스(Protagoras), 고르기아스(Gorgias)가 있다.

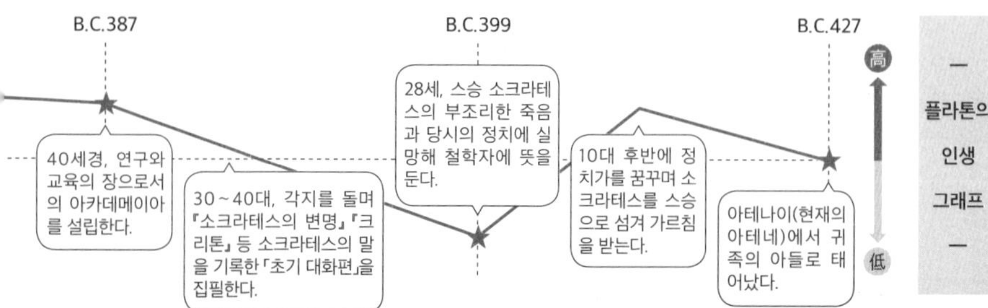

B.C.387
B.C.399
B.C.427
高
低
플라톤의 인생 그래프
40세경, 연구와 교육의 장으로서의 아카데메이아를 설립한다.
30~40대, 각지를 돌며 『소크라테스의 변명』 『크리톤』 등 소크라테스의 말을 기록한 「초기 대화편」을 집필한다.
28세, 스승 소크라테스의 부조리한 죽음과 당시의 정치에 실망해 철학자에 뜻을 둔다.
10대 후반에 정치가를 꿈꾸며 소크라테스를 스승으로 섬겨 가르침을 받는다.
아테나이(현재의 아테네)에서 귀족의 아들로 태어났다.

그런 분위기에서 지위나 명예만으로 진짜 행복해질 수 있을지 진지하게 생각한 분이 소크라테스 선생님이었어요.

읽음 08:08

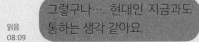

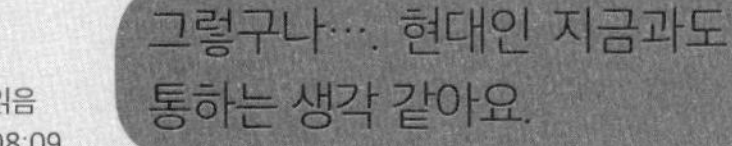

그렇구나…. 현대인 지금과도 통하는 생각 같아요.

읽음 08:09

그러나 결과적으로 소크라테스 선생님은 '젊은이를 타락시킨 죄'★2로 재판에서 사형 판결을 받았죠.

읽음 08:10

완전히 누명이었지만 선생님은 미련 없이 법의 판정을 받아들였어요★3. '진정한 정당함'을 추구한 모습을 통해 나 자신의 철학★4을 추구하는 계기가 되었죠.

읽음 08:11

★2
펠로폰네소스 전쟁(아테네를 중심으로 하는 델로스 동맹과 스파르타를 중심으로 하는 펠로폰네소스 동맹이 벌인 전쟁)에서 패배한 책임을 철학자에게 떠넘기려 한 정치가들이 '국가가 믿는 신을 인정하지 않고 젊은이들을 타락시킨' 죄로 소크라테스를 고발했다.

★3
소크라테스는 법정에서 변명했지만 사형 선고를 받는다. 탈출하라는 주위의 권유를 듣지 않고 스스로 독이 든 술을 마셔 죽음을 맞는다. (p.113~ 만화 참조)

★4
소크라테스가 '선하게 산다'는 자신의 신념을 굽히지 않고 죽음을 선택한 것에 플라톤은 큰 충격을 받았다. 그는 '진정한 정당함이란 무엇인가?'라는 철학을 추구하여 이데아(p.178)라는 독자적인 생각에 이르렀다.

50~60대, 『향연』 『파이돈』 『국가』 등 「중기 대화편」을 집필한다. 플라톤 철학의 주축이 되는 '이데아론(論)'을 주장한다.

B.C.367
60세경, 17세의 아리스토텔레스(p.18.0)가 아카데메이아에 입학한다.

같은 해
이탈리아 시라쿠사로 건너가 왕의 교사로 이상적인 정치를 실현하려 하지만 정쟁에 휘말려 좌절되고 만다.

B.C.350 전후
70대, 『법률』 등 「후기 대화편」을 집필한다. 이 무렵에는 소크라테스의 영향이 줄고 독자적인 색깔이 늘어난다.

B.C.347
80세에 사망하기까지 연구와 교육에 몰두한다.

Chapter 2 ▷ 데카르트
진학하는 것의 의미는?

뭐야,
한숨까지
쉬고.
드르륵
가자.
기다렸지?

참! 그러고 보니
너, 기말고사 또
1등이지?

좋겠다~
그 성적이면
당연히 A국립대
지원할 거지?

그런데 솔직히
어느 대학이든
다 똑같아
보여.
아니,
지원할
거야.
아마….
부모님은 일단
상위권 대학에
가라 하시는데
그게
정답일까?
모든 것을
의심하라!
모든 것을…
의심하라?
어?
이런 곳에
벽보가 있었나?
모든 것을
의심하라!

내 연구실에
온 걸
환영해요.

앗!
여기는
…?

자네가 자신을
외면하기에
불러들였지.

나는 데카르트.
이곳은 고민하는
자가 길을 헤매다
우연히 들어오는
고민 연구소.
르네 데카르트
1596~1650
프랑스의 철학자

조금 전
진학 이야기. 자네는
마음속으로 그것이
정답이라고 생각하지
않는데… 사고를
포기하는 건가?

내가 나를
외면하다니,
무슨
말이죠?

네? 그게…
대학 진학이
정답인지 어떤지
지금은
모르겠어서요.
부모님도
그렇게 하라니까
그 말에 따르는
수밖에….

흠…
어디서부터
의심해야 좋을지
모르겠으면
모두 의심해
보는 건
어때?

모두요
…?

가령,
자네는 정말
진학해야
할까?
공부해야
할까?
왜
공부를 해야
할까?
대학은
무엇 때문에
가는 걸까?
그것 외에
해야 할 것은
없을까?

????
아니, 오히려
그렇게 모든 걸
의심하면 아무것도
믿지 못하게 되지
않을까요?

그렇게
의심해 나가면
자네가 찾는
정답으로
이어질 거야.

아니!
그렇지
않아!
나는 모든 것을
의심한 결과…
'나는 나'라는
진실에 도달했지!

예를 들어
이 사과는 존재하지 않을지 모른다.
사과를 갖고 있는 나도 존재하지 않을지 모른다.
애당초 이 세계도 존재하지 않을지 모른다.
그러나 이것들을 의심하고 있는 '나'는 확실히 존재한다!
이렇게 해서 아무리 의심해도 '내가 생각하고 있다'는 것만큼은 의심할 수 없는 진실이었지.
그게 무슨 말이죠?
으아…
어려워

내가 생각하는 한 내가 나라는 것은 변하지 않아.
인간이 태어나면서부터 갖는 이성의 힘을 빌려서 끊임없이 생각한 내가 다다른 하나의 답이지.

그래도 나는 의심을 멈추지 않아.
자신의 이상에 보다 가까워지기 위해서지.
…확실히 나는 지금까지 장래에 대해 생각해보라고 해도 방법 자체를 몰라서
다른 사람의 의견에 따랐을 뿐
스스로 진지하게 생각하기를 포기했던 것일 수도 있어요.
하지만 '모든 것을 의심하고 생각하다보면 진짜 답이 보일 수 있다'
라는 거죠?

…부
얏
마나부,
왜 그래?
갑자기 아무
말도 안 하고.
어?
…?
방금
그건…
꿈?
그래! 나도 이제
모든 것을
의심해볼래!
모든 것을
의심하라!
뭐?

▸▸▸ 더 알고 싶으면 p.182

'모든 것을 의심'하는 것으로 진짜 자신을 발견하자!

고민하는 고등학생 마나부가 발견한 새로운 가치관이란?

우리는 어릴 때부터 주위에서 들은 것들, 세상에서 '상식'이라 부르는 것들을 아무런 의심 없이 믿어버린다. 어렴풋이 의문을 느껴도 확인하려 하지 않는다. 그러나 근대 철학의 시조인 데카르트는 말 그대로 '모든 것을 의심'하는 것으로 철학의 한 원리를 확립했다.

데카르트가 사용한 사고법은 '방법적 회의'로, 우선 개인은 똑같이 이성을 갖고 있다고 전제한다. 그러고 나서 감각, 자신을 둘러싼 세계, 사고 등 조금이라도 불확실한 요소가 있는 것은 의심해야 할 대상으로서 멀리한다. 그러나 모든 것을 의심해도 마지막에 남는 것, 그것이 바로 '의심하고 있는 자신'이다. 즉 '나는 생각한다, 고로 나는 존재한다'는 결론이다.

데카르트가 제시한 것은 누구나 시도할 수 있는 철학적 사고법이다. 이것은 자신의 존재뿐 아니라 자신을 둘러싼 모든 사물에 대해 다시 인식할 수 있다는 이성의 가능성을 보여준다.

데카르트를 해독하는

KEY WORD

방법적 회의

모든 것을 의심하는 데서부터 시작한다

모든 사물을 의심(회의)함으로써 모두가 받아들일 수 있는 진리를 이끌어내는 방식. 세계를 인식하고, 모든 사람의 시작 지점이 되는 사항(원리)을 정하기 위해 만들어졌다.

이성

모든 사람이 소유하는 능력

합리적으로 진위를 판단해 세계의 전체상을 이해할 수 있는 능력. '양식'이라고도 한다. 데카르트는 이성(理性)을 모든 사람이 선천적으로 공평하게 소유하는 능력이라고 했다.

『방법서설』

굳이 모든 사물을 의심함으로써 자신의 존재를 확인한다

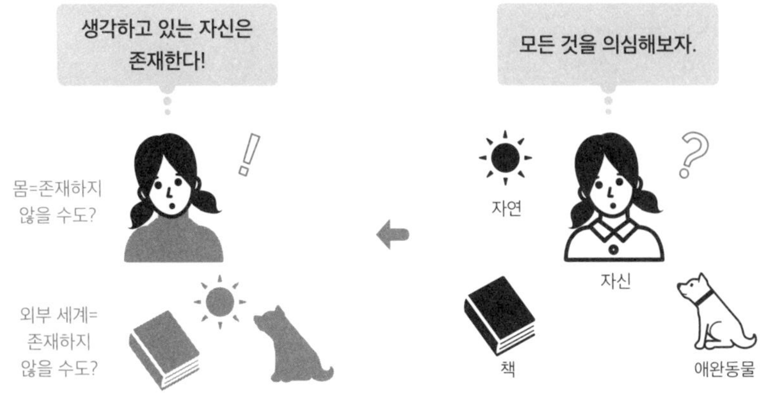

철저히 의심하면 확실한 것은 아무것도 남지 않을 것처럼 느껴진다. 그러나 의심하고 있는 자신이란 존재만은 남아 있다. 이것이 '나는 생각한다, 고로 나는 존재한다'의 근원이 된다.

감각은 모호한 점이 많아 의심스럽다. 자신의 몸과 주위, 외부 세계도 애당초 존재할지 어떨지 의심이 남는다. 생각도 틀릴 수 있으므로 확실하지 않다.

'이과 철학자' 데카르트의 인물상에 대해 알아본다!

데카르트는 근대 철학에 수학적 사고를 도입했다.

데카르트×마나부

자네는 학교 성적이 우수한 것 같은데. 나도 명문 학교 우등생이었지.
읽음 17:04

읽음 17:05
그렇군요! 잘하는 과목이 있었나요?

나는 철학 외에 수학자로도 알려져 있지. 수학에서 'X축과 Y축'의 좌표 있잖아.
읽음 17:05

읽음 17:06
2차 함수는 잘해요.

그 좌표축★1의 개념을 생각해 낸 게 나야.
읽음 17:06

★1
X축과 Y축이 교차하는 일반적인 좌표계. '데카르트 좌표'라고도 한다.

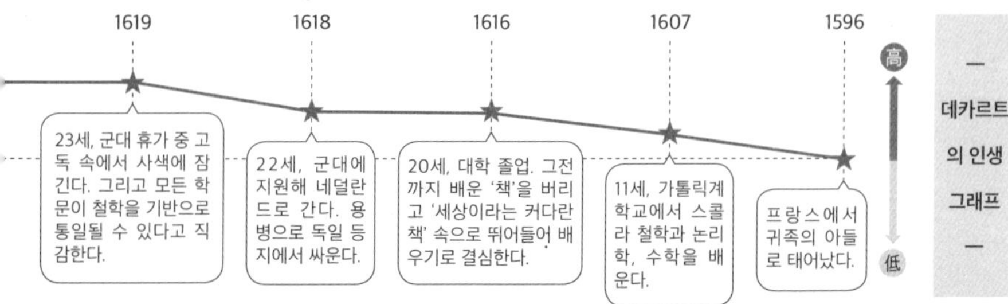

— 데카르트의 인생 그래프 —
高
低
1596
프랑스에서 귀족의 아들로 태어났다.
1607
11세, 가톨릭계 학교에서 스콜라 철학과 논리학, 수학을 배운다.
1616
20세, 대학 졸업. 그전까지 배운 '책'을 버리고 '세상이라는 커다란 책' 속으로 뛰어들어 배우기로 결심한다.
1618
22세, 군대에 지원해 네덜란드로 간다. 용병으로 독일 등지에서 싸운다.
1619
23세, 군대 휴가 중 고독 속에서 사색에 잠긴다. 그리고 모든 학문이 철학을 기반으로 통일될 수 있다고 직감한다.

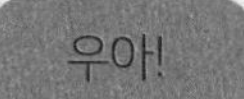

읽음 17:06

내가 방법적 회의★2라는 사고법을 제시한 저서도 정식 제목은 『방법서설 및 삼시론(굴절광학, 기상학, 기하학)』이지.

읽음 17:07

그럼 데카르트 씨는 철학자이면서 수학도 연구한 건가요?

읽음 17:07

수학에서는 공리와 정의로 다양한 명제를 추리해 정론을 이끌어내지. 마찬가지로 이성★3을 사용해 사물을 바르게 추론하면 세계의 진리에 도달할 수 있어….

읽음 17:08

나는 수학적인 사고법이야말로 모든 학문의 기초가 된다고 생각해.

읽음 17:09

★2
철학적 사고법의 기초가 되는 방식. 데카르트는 방법적 회의로 모든 학문의 기초를 다시 이해하고 그 의의를 재검증할 수 있다고 생각했다.

★3
데카르트 철학의 뛰어난 점은, 인간이 동등하게 소유하는 이성을 이용하면 모든 사람이 방법적 회의를 할 수 있다는 것이다. 그가 주장한 '나는 생각한다, 고로 나는 존재한다'의 정당함도 모든 사람이 자신의 이성으로 재검증할 수 있다. 그 가능성이 철학의 새로운 지평을 열었다.

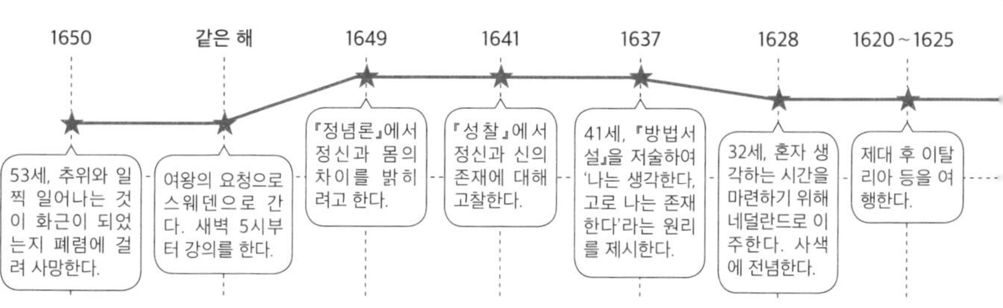

1650
53세, 추위와 일찍 일어나는 것이 화근이 되었는지 폐렴에 걸려 사망한다.
같은 해
여왕의 요청으로 스웨덴으로 간다. 새벽 5시부터 강의를 한다.
1649
『정념론』에서 정신과 몸의 차이를 밝히려고 한다.
1641
『성찰』에서 정신과 신의 존재에 대해 고찰한다.
1637
41세, 『방법서설』을 저술하여 '나는 생각한다, 고로 나는 존재한다'라는 원리를 제시한다.
1628
32세, 혼자 생각하는 시간을 마련하기 위해 네덜란드로 이주한다. 사색에 전념한다.
1620~1625
제대 후 이탈리아 등을 여행한다.

Chapter 3 ▷ 칸트와 헤겔

상사의 갑질에 대응하는 방법은?

칸트 씨.

왜 그러나, 헤겔?

저 사람 분명 고민이 있어요.

…그래?

맞아요!

임마누엘 칸트
1724~1804
독일의 철학자

게오르크 헤겔
1770~1831
독일의 철학자

고민하는 사람을 그냥 둘 수는 없죠!
같이 의견을 나누면 분명히 해결책을 찾을 수 있어요!
이야기를 들어보죠.

아니야! 오로지 혼자 생각해서 스스로 이상을 추구해야 해.
게다가 나는 산책 시간이….
처음부터 혼자서 완벽해질 수 있는 인간은 없다고 늘 말씀하셨잖아요!
아직 산책 시간까지 15분 남았어요.
GO GO!
13분 25초야.

불쑥 끼어들어
죄송한데,
무슨 고민이
있나요?
네?

싱글
싱글
짜증…

아, 우리는
고민하는
자들의 친구!
철학 고민
연구소 사람들
입니다.
?
아~
괜찮으시면
고민을 들려
주세요! 도움이
될지 몰라요.

철학?
꿀꺽…

그건 옳지 않아요. '정의'에 어긋나는 일입니다.
발끈
사, 사실은 직장 상사가 너무 위압적이라…
상사
옆자리의 동료가 상사에게 찍혀 갑질을 당하는데, 내가 해줄 수 있는 게 아무것도 없어서 고민이에요.
아…
당신은 용기를 내서 상사에게 부당함을 고해야 해요.
동물은 공포 상황에 맞닥뜨리면 도망치지만 인간은 그 순간 이성을 발휘해 참아낼 수 있는 생물입니다.
스윽

그거야말로
인간의
'자유'예요!
버럭
버럭

물론
알아요!
으아아
그런데 나는
파견 사원이고,
상사에게 찍히면
계약이 종료된다고
생각하니…
갑자기 일이
없어지면 안 돼요.
집세도 내고
학자금도 갚아야
하는데 모아놓은
돈도 없고….

이상만으로는
사람이
거기에
도달할 수
없어요.
현실의 문제에
막히는 경우도
종종 있고.

에이~
선배는 늘
미련할 만큼
고지식하다니까.
아,
그건…

당신 자신이 최선이라 느끼는 방법을 선택하는 것이 '진짜 자유'가 아닐까요?
'정의'는 타인과 대화하는 것으로 서서히 모습을 드러내죠. 가령, 어떤 도형을 보고 한 사람은 '동그라미'
삼각형
?
동그라미
원뿔이었다!
다른 한 사람은 '삼각형'이라고 주장한다고 합시다.
언뜻 보면 대립하는 반대 의견이지만 서로를 이해하고 나면 그 도형을 원뿔이라는 한 단계 높은 차원으로 끌어올릴 수 있죠.
아, 그건 아주 이상적인데…
그런데 구체적으로 어떻게 해야 하죠?

!?
먼저 당신이 느끼는 '정의'에
동감해줄 사람을 하나하나 찾아보는 건 어떨까요?

아…
그렇군요.

혼자서는 어려워도 다른 사람과 협력하면 해결의 실마리를 찾을 수 있을지 모르겠어요.

우선, 상담할 만한 사람을 찾아보겠어요!

▸▸▸ 더 알고 싶으면 p.194

이성에 따르는 것으로 사람은 자유롭게 살 수 있다!

고민하는 파견 사원 하루코에게 칸트가 말한 인간다움이란?

칸트는 18~19세기에 걸쳐 활약한 철학자다. 시간관념이 매우 철저해 날마다 자신이 세운 계획대로 행동했다. 산책하는 그를 보고 사람들이 시계를 맞출 정도였다고 한다. 그런 생활방식이 칸트에게는 매우 '자유로운' 상태다. 이성에 따라 자율적으로 사는 것이 인간에게 있어 자유라고 생각했다.

그런 칸트가 주장한 도덕론은, 인간은 항상 보편적 입법(누구에게나 선(善)인 보편적인 규칙. 이성에 의해 도출된 것)에 따라 행동하라는 것이다. 도덕적 행위는 '○○니까 △△하자'는 식의 개인의 형편에 따른 조건부 행위가 아니라 '해야 하는 것'으로, 무조건 해야 할 행위라고 했다.

그러나 가치관이 다른 사람들의 공동체인 사회는 철저히 개인적이라서 도덕적으로 살기 어려운 것이 현실이다. 그래서 타인과 함께 규칙의 기본을 발견해내는 방법을 제안한 것이 헤겔(p.60)이다.

칸트를 해독하는
KEY WORD

도덕 법칙

모든 사람에게 항상 들어맞는 규범

누구에게나 들어맞는 보편적이고 객관적인 규칙. 그 근거를 종교나 문화 같은 관습에 두면 안 된다. 자신의 이성으로만 음미해 '도덕적'이라고 판단할 수 있는 것으로 한다.

정언 명법(定言命法)

무조건 'ㅇㅇ하라'는 명령

도덕의 근거. 자신의 의지가 늘 보편적 입법(p.56)에 맞게 행동하도록 명령하는 규칙. 예를 들면 '기뻐해주니까 사람에게 친절하게 대하는 것'이 아니라 이성의 명령에 따라 의무적으로 '친절하게 대하는 것'이 요구된다.

『실천이성비판』

도덕 법칙과 방침(policy)이 일치하면 자유로워질 수 있다

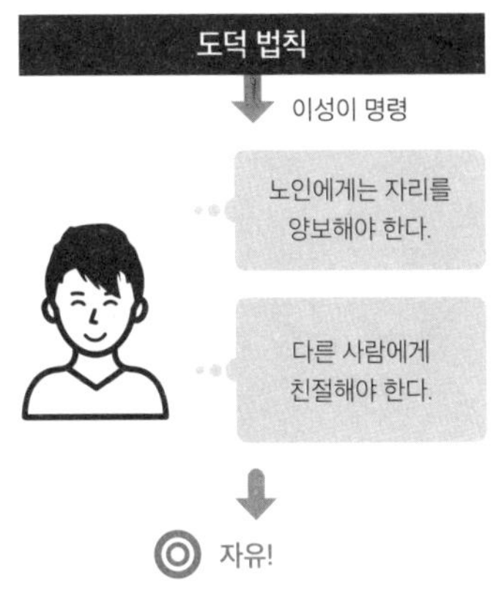

도덕 법칙, 즉 이성이 자신에게 부과하는 '정언 명법'에 따라 행동하는 것이 도덕적. 그리고 도덕적으로 살아야 비로소 사람은 자유를 얻을 수 있다고 말한다.

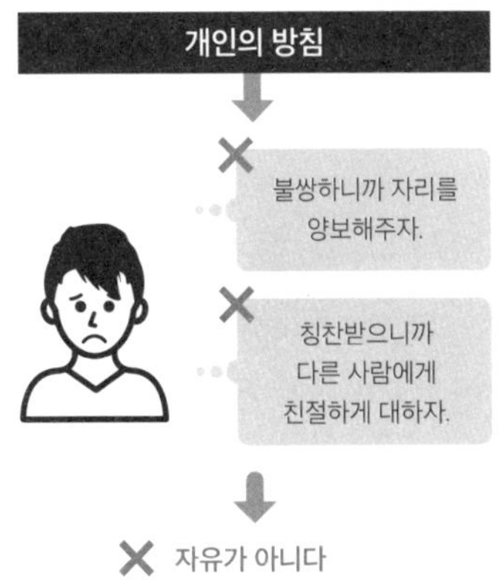

개인의 방침
불쌍하니까 자리를 양보해주자.
칭찬받으니까 다른 사람에게 친절하게 대하자.
자유가 아니다

칸트는 타인에게 뭔가를 해주는 것으로 자신이 행복해지려는 행위는 결국 자신의 욕구에 따른 것일 뿐 도덕적이 아니라고 말한다.

'자유'롭게 산 칸트의 인물상에 대해 알아본다!

규칙적인 생활에 대한 동기부여도 칸트 철학의 중요한 부분

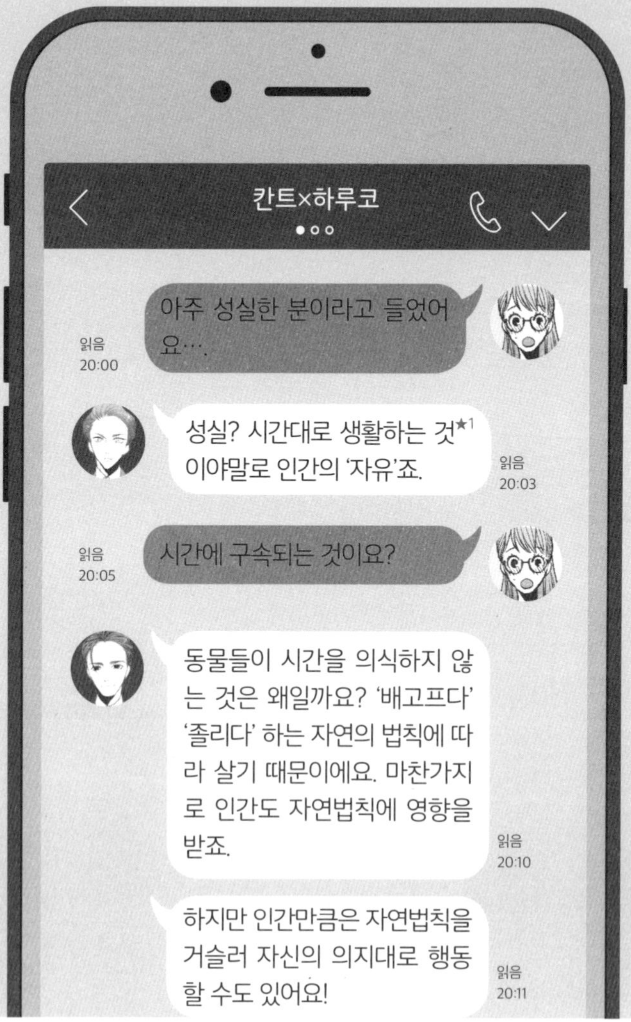

칸트×하루코

아주 성실한 분이라고 들었어요….
읽음 20:00

성실? 시간대로 생활하는 것★1 이야말로 인간의 '자유'죠.
읽음 20:03

시간에 구속되는 것이요?
읽음 20:05

동물들이 시간을 의식하지 않는 것은 왜일까요? '배고프다' '졸리다' 하는 자연의 법칙에 따라 살기 때문이에요. 마찬가지로 인간도 자연법칙에 영향을 받죠.
읽음 20:10

하지만 인간만큼은 자연법칙을 거슬러 자신의 의지대로 행동할 수도 있어요!
읽음 20:11

★1
칸트는 날마다 새벽 5시에 일어나 밤 10시에 잠자리에 들었다고 한다. 정해진 시간에 산책하고 식사했다. 자신의 이념에 맞는 생활을 하는 것이 칸트에게는 인간에게만 주어진 자유였다.

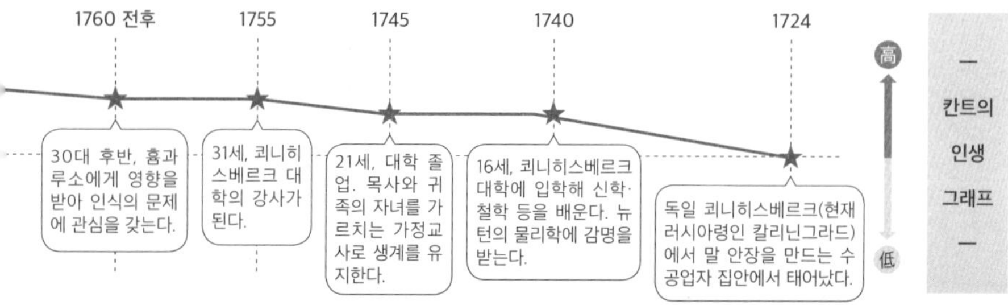

1760 전후
30대 후반, 흄과 루소에게 영향을 받아 인식의 문제에 관심을 갖는다.
1755
31세, 쾨니히스베르크 대학의 강사가 된다.
1745
21세, 대학 졸업. 목사와 귀족의 자녀를 가르치는 가정교사로 생계를 유지한다.
1740
16세, 쾨니히스베르크 대학에 입학해 신학·철학 등을 배운다. 뉴턴의 물리학에 감명을 받는다.
1724
독일 쾨니히스베르크(현재 러시아령인 칼리닌그라드)에서 말 안장을 만드는 수공업자 집안에서 태어났다.
高
低
— 칸트의 인생 그래프 —

…배고프지만 점심을 안 먹고 일을 한다거나 그런 거요?

읽음 20:11

그러나 그것이 인간에게 주어진 선택의 자유라고 생각하지 않나요?

읽음 20:12

꽤 어렵네요….

읽음 20:13

단, 나도 산책 시간에 늦는 경우도 있어요.

읽음 20:14

역시…!

읽음 20:14

루소의 『에밀』★2을 탐독하는 바람에…. 시간 가는 줄 몰랐어요.

읽음 20:14

에밀…?

읽음 20:15

당시 베스트셀러예요. 한 번 읽어보면 좋아요.

읽음 20:16

★2
루소(p.190)가 1762년에 출판한 소설 형식의 교육론. 아이가 선천적으로 갖고 태어난 선한 본성(善性)을 존중해 자유롭고 자연스러운 성장을 응원하는 것이 교육의 근본이라고 주장했다. 당시에는 획기적인 교육론으로, 칸트는 '인간을 존중하는 것을 배웠다'고 말한다.

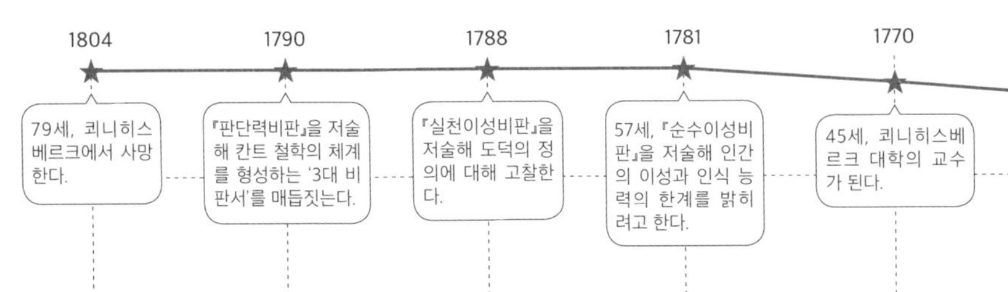

1804
79세, 쾨니히스베르크에서 사망한다.
1790
『판단력비판』을 저술해 칸트 철학의 체계를 형성하는 '3대 비판서'를 매듭짓는다.
1788
『실천이성비판』을 저술해 도덕의 정의에 대해 고찰한다.
1781
57세, 『순수이성비판』을 저술해 인간의 이성과 인식 능력의 한계를 밝히려고 한다.
1770
45세, 쾨니히스베르크 대학의 교수가 된다.

▸▸▸ 더 알고 싶으면 p.196

의견을 다투어 가며 진짜 자유로운 관계를 구축하자!

고민하는 파견 사원 하루코가 상황을 타개하기 위해서는?

칸트(p.56)는 이성으로 생각하면 무엇이 도덕적인지 판단할 수 있다고 주장했다. 그리고 도덕적인 것이야말로 인간의 '자유'라고 했다. 그러나 실제로 인간의 이성은 전능하지 않기 때문에 해당 상황에서 개인이 취하는 하나의 선택이 진짜 도덕적인지 판단하기 어렵다.

칸트 이후에 나타난 독일의 철학자 헤겔은 '자유'란 처음에는 의지의 내면에 나타나서 차츰 타인과의 관계 속에서 실현된다고 생각했다. 칸트가 주장한 자유는 욕구로부터 해방되어 스스로 손에 넣는 것이다. 이상적으로 자칫하면 실현이 어려워진다. 헤겔은 모든 사람이 실현할 수 있는 '자유'에 대해 생각했다. 각자 자신의 욕구 중에서 진짜 '좋은 것'을 선별해 서로의 '좋음'을 받아들이는 것(상호 승인)으로 보다 자유로운 사회가 실현된다고 생각했다.

헤겔은 18세기에 비즈니스에서 말하는 일종의 '윈윈(win-win) 관계' 속에서 인간 고유의 자유로운 관계성을 발견했다.

헤겔을 해독하는 KEY WORD

자유

타인과의 승인관계 속에서 자유를 실현할 수 있다

공동체에서의 '좋음'은 개인의 가치관에 따라 다양하다. 자유는 문화와 인류 등의 차이를 초월해 개인의 인격을 존중하고 서로 인정하는 관계성에서 실감할 수 있다.

변증법

모순되는 의견을 다투어 가며 보다 좋은 결론에 도달한다

주관적인 의견의 모순점을 깨닫고 타인의 의견과 조정해 보다 좋은 의견에 다가가는 사고법. 의견 간의 대립과 조정으로 보다 뛰어난 개념이 생겨난다는 사고방식.

『법철학강요』『정신현상학』

'변증법'으로 보다 좋은 사회를 실현한다

서로 주관적인 의견을 나눔으로써 보편적이고
객관적인 의견으로 높일 수 있다.

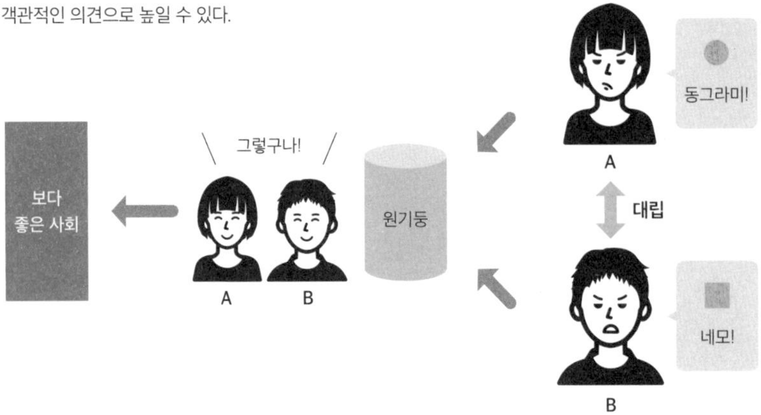

동그라미!
A
대립
네모!
B
원기둥
그렇구나!
A B
보다
좋은 사회

철학적 사고의 원천은?

'지(知)의 거장' 헤겔의 인물상에 대해 알아본다!

혁명으로 근대 국가가 형성되기 시작한 시대에 살았다.

헤겔×하루코

헤겔 씨는 매우 적극적인 것 같아요.
읽음 20:20

그건 내가 살았던 시대 배경 때문일지 몰라요.
읽음 20:21

18세 때 프랑스 혁명★1, 그리고 36세 때 나폴레옹 전쟁★2이 일어났고… 그 후 프로이센을 중심으로 독일 통일의 흐름★3이 생겨났죠.
읽음 20:21

와! 격동의 시대였네요.
읽음 20:23

새로운 시대가 오는 것을 피부로 느껴 설렜죠.
읽음 20:24

★1
1789~1799년에 프랑스에서 일어난 시민혁명. 절대왕정 말기, 중산층인 부르주아와 일반 민중이 왕정 폐지와 인권선언을 발표했다. 모든 인간에게 평등한 권리를 인정하는 '인권' 이념은 그 후 서양에 큰 영향을 주었다.

★2
나폴레옹 1세가 유럽 열강과 싸운 일련의 전쟁. 나폴레옹은 혁명 후 정치 정세 불안이 이어지는 프랑스에서 혁명군 사령관으로서 군재(軍才)를 발휘해 지지를 얻었다. 1799년에 독재권을 얻자 각 지역에 진군해 유럽 대륙의 패권을 거머쥐고 프랑스 혁명의 이념을 대륙에 퍼뜨렸다. 헤겔은 예나(Jena)에 침공한 나폴레옹을 목격하고 '말을 탄 세계 정신'(세계를 압도해 정복하려는 개인)을 보았다고 기록한다.

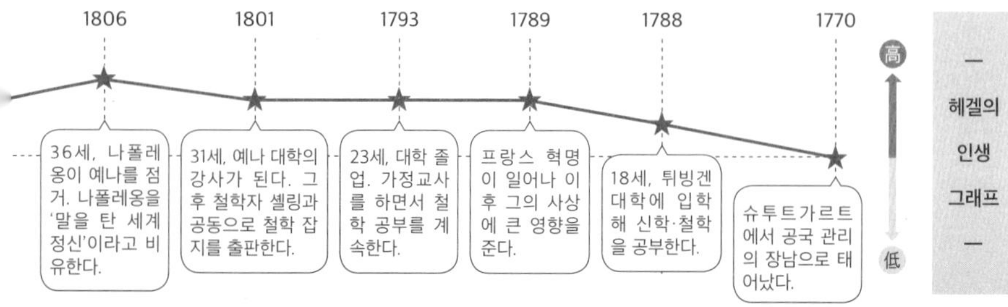

1806
1801
1793
1789
1788
1770
高
低
— 헤겔의 인생 그래프 —
36세, 나폴레옹이 예나를 점거. 나폴레옹을 '말을 탄 세계 정신'이라고 비유한다.
31세, 예나 대학의 강사가 된다. 그 후 철학자 셸링과 공동으로 철학 잡지를 출판한다.
23세, 대학 졸업. 가정교사를 하면서 철학 공부를 계속한다.
프랑스 혁명이 일어나 이후 그의 사상에 큰 영향을 준다.
18세, 튀빙겐 대학에 입학해 신학·철학을 공부한다.
슈투트가르트에서 공국 관리의 장남으로 태어났다.

10대 시절의 나는 프랑스 혁명을 열렬히 지지했는데…. 그러나 그 후 국가가 겪는 우여곡절을 보며 '진짜 자유로운 사회'를 실현하려면 무엇이 필요한지 생각하기 시작했어요.

읽음 20:25

확실히 혁명에서는 많은 희생이 있었죠.

읽음 20:26

사람들의 대립에서 모순을 해소하고 깊이 인식하면★4 최종적으로 세계는 보다 좋은 방향으로 향한다. 나는 그렇게 믿었는데….

읽음 20:27

현대에는 다양한 가치관이 나타나고 그와 함께 다양한 모순도 생겨나 생각대로 되지 않는 것 같아요…

읽음 20:28

★3
독일은 원래 여러 소국가로 분열되어 있었는데 나폴레옹 지배하에 이루어진 자유주의 개혁으로 민족주의가 되살아난다. 19세기 중반에 프로이센이 독일 통합의 주도권을 장악하고 1871년, 독일제국이 성립되었다.

★4
헤겔이 주장한 철학의 방법적 기초. 대립하는 두 사물 안에 있는 모순을 인식하고 차이를 극복함으로써 사물이 보다 높은 단계로 발전해 나가는 것. 변증법.

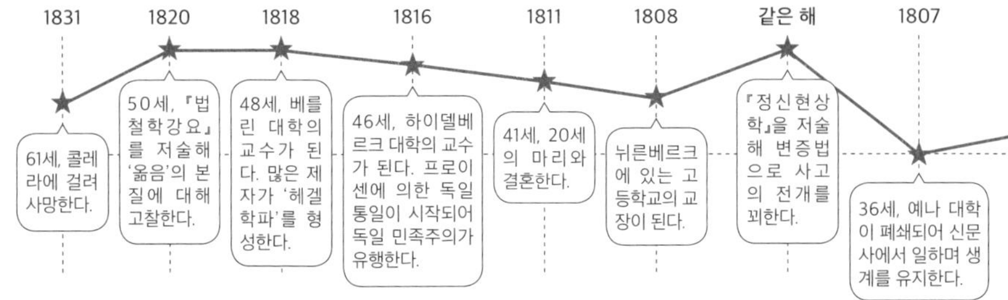

1831
61세, 콜레라에 걸려 사망한다.
1820
50세, 『법철학강요』를 저술해 '옳음'의 본질에 대해 고찰한다.
1818
48세, 베를린 대학의 교수가 된다. 많은 제자가 '헤겔학파'를 형성한다.
1816
46세, 하이델베르크 대학의 교수가 된다. 프로이센에 의한 독일 통일이 시작되어 독일 민족주의가 유행한다.
1811
41세, 20세의 마리와 결혼한다.
1808
뉘른베르크에 있는 고등학교의 교장이 된다.
같은 해
『정신현상학』을 저술해 변증법으로 사고의 전개를 꾀한다.
1807
36세, 예나 대학이 폐쇄되어 신문사에서 일하며 생계를 유지한다.

그 나이에 꿈같은 얘기 그만해.
남자는 결혼하면 금방 다른 여자한테 눈을 돌리거나 바람피우기 일쑤라니까.
고민하는(?) 여성
히로에
분명히 언젠가 운명의 남성이 백마를 타고 나를 데리러 와줄 거라 믿어!
그래서 나는 운명의 상대를 기다리고 있어.
고민하는(?) 여성
미유코

오직 너만 바라봐주는 사람이 나타날 리 없으니 그만 꿈 깨셔!

뭐?! 그렇게 부정적인 생각밖에 못하다니, 가여워라.

뭐?!
오히려 미유코의
이 현실 도피적인
사고방식을
고쳐주세요!
딸깍
으~음
…
내가 보기에는
두 분 모두
'절망'하고 있어요.
쇠렌 키르케고르
1813~1855
덴마크의 철학자

버럭

무슨 말씀이세요? 나는 이렇게 희망에 차 있는데.

버럭

나는 현실적으로 생각하는 것뿐이에요! 절망 따위는 하지 않아요.

나는

현실에서 도피해 과도하게 공상에 빠지는 것도,

그런 공상을 부정하고 세상의 가치 기준에 기대 스스로 생각하기를 포기하는 것도

모두 절망이라고 생각합니다.

공상에 빠져도, 현실에 충실해도 절망이라면…

우리는 어떻게 해야 하죠?

자자, 진정하세요.

으…

그,

그럼

좌—악
가령, 기절한 사람이 있으면 '물 갖고 와!' 소리친 다음 물을 뿌리죠?
나는 절망하는 사람이 있으면 '가능성을 가져와!' 하고 소리쳐요.
가능성 …?
그러니까 그 말은 언젠가 제 앞에 백마 탄 왕자가 나타나줄 거라는 가능성인가요?
단호
아닙니다!

당신은 남성과
좋은 관계를
가지려 노력하는
가능성에 대해
생각해봤나요?
…

당신은
이상적인 상대를
그저 기다릴 게
아니라
으!
스스로
행동하는 것이
만남의
가능성이
높아지겠죠?

공상이나
세상의
생각에 기대
이성(理性)을
포기하지
말고
척!
자신의 가능성을
믿을 것!
그것이
절망으로부터
벗어나는
기술입니다.

자신의
가능성…?

음….

확실히 그렇게 일방적으로 단정하고 생각하기를 그만두기보다

좀 더 여러 가능성을 찾아보는 것도 좋겠어요….

힐끗
참고로
키르케고르 선생님이 딱 내 타입인데 …♡
어쩌죠? 나는 마음에 정해둔 사람이 있어서요.

▸▸▸ 더 알고 싶으면 p.206

'절망'하지 말고 자신답게 살자!

고민하는(?) 여성 미유코와 히로에는 왜 '절망'했을까?

"언젠가 이상적인 남성이 나타날 거야." 하고 꿈을 말하는 미유코와 "남성은 바람피우는 생물"이라고 경시하는 히로에. 전혀 다른 생각을 말하는 것처럼 보이지만 키르케고르 눈에는 둘 다 '절망'한 상태다.

키르케고르는 인간 존재의 모습, 즉 '다른 누구도 아닌 바로 나'에 대해 추구하는 것으로 '실존철학'을 창시한 철학자다. 저서 『죽음에 이르는 병』에서 '절망'에 대해 말한다.

그에 따르면, 절망에는 크게 4개의 축이 있다. 공상 속 자신을 무한히 그려가며 만족하는 '무한성'의 절망과 자기 본래의 가능성에서 눈을 돌리는 '가능성'의 절망, 세상의 가치관으로 자신을 구속해 만족하는 '유한성'의 절망, 그리고 '그렇게 될 수밖에 없게 되어 있다'고 포기해버리는 '필연성'의 절망이다. 모두 자신을 잃고 현실에 대한 희망을 잃는다. '있는 그대로의 자신'을 정면으로 받아들이는 것만이 자기 고유의 삶을 선택하는 길이다.

키르케고르를 해독하는

KEY WORD

절망

본래의 자신을 잃은 상태

절망에는 두 가지 방향성이 있다. 하나는 현실과 동떨어진 이상만을 추구하는 모습(「무한성」과 「가능성」의 절망). 또 하나는 이상을 포기하고 세상과 주위의 기준에 따라 사는 모습(「유한성」과 「필연성」의 절망). 둘 모두 자신과 현실에 대한 희망을 잃어버린다.

실존

지금을 주체적으로 사는 것

키르케고르 이후의 실존철학에서는 단순한 '사물'의 존재와 구별되는 인간 존재의 독자적인 모습을 가리킨다. 한 번뿐인 인생을 사는 '바로 나'라는 존재다.

『죽음에 이르는 병』

「절망」하고 있지 않은지 생각해보자

절망①

연봉이 오르지 않을까?
좋은 만남 없을까?
빨리 출세하고 싶다!
세상
…

현재의 자신을 외면하고 현실과 동떨어진 이상에 꿈을 품는다. 현실 속 자신을 외면하면 희망은 없다. 이상 속의 자신에게 이르려면 현실과 정면으로 마주하는 수밖에 없다.

절망②

자기 본연의 모습을 외면하고 주위가 '좋다'는 생활방식으로 자신을 구속해버린다. 사회적으로 성공해도 가능성이 제한되어 절망 상태에 놓인다.

철학적 사고의 원천은?

'단독자' 키르케고르의 인물상에 대해 알아본다!

'다른 누구도 아닌 바로 나'에 초점을 맞춘 최초의 철학자

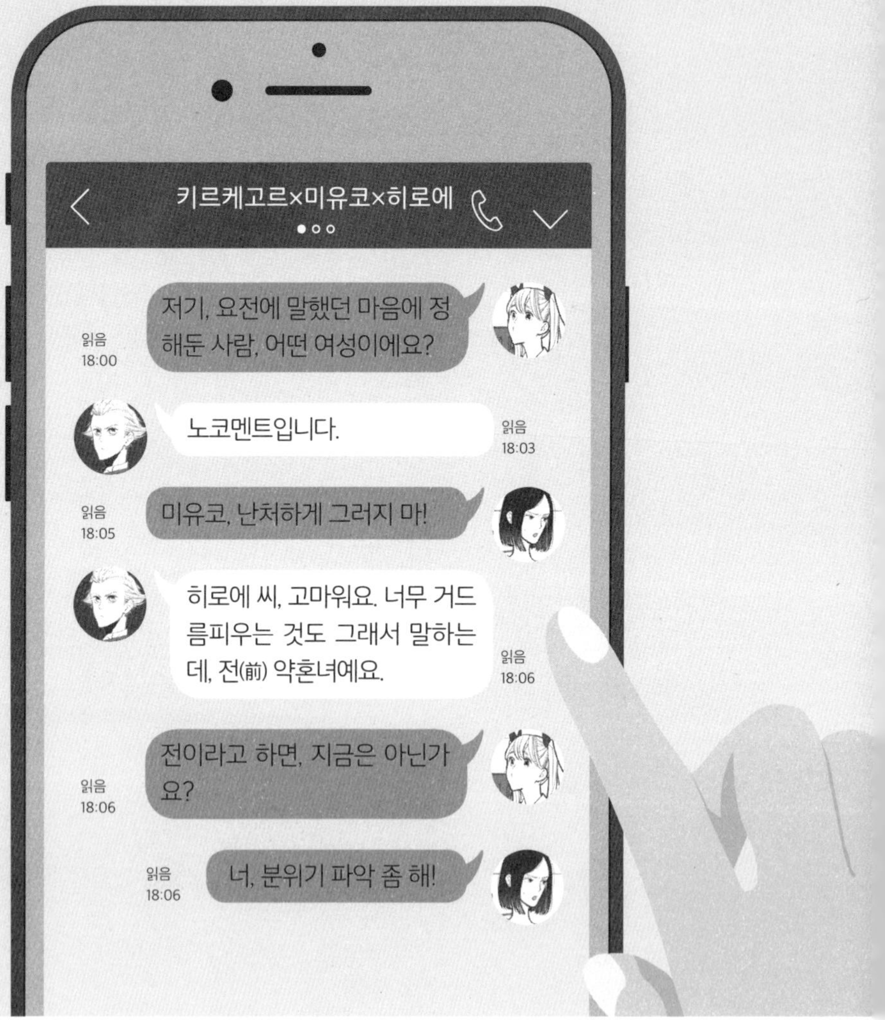

키르케고르×미유코×히로에

저기, 요전에 말했던 마음에 정해둔 사람, 어떤 여성이에요?
읽음 18:00

노코멘트입니다.
읽음 18:03

미유코, 난처하게 그러지 마!
읽음 18:05

히로에 씨, 고마워요. 너무 거드름피우는 것도 그래서 말하는데, 전(前) 약혼녀예요.
읽음 18:06

전이라고 하면, 지금은 아닌가요?
읽음 18:06

너, 분위기 파악 좀 해!
읽음 18:06

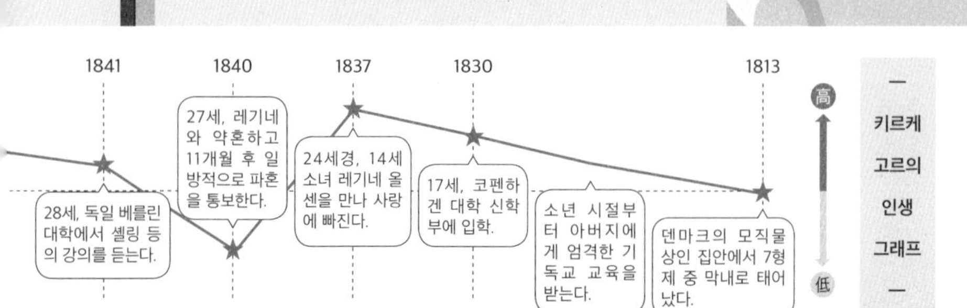

키르케고르의 인생 그래프
高
低
1813
덴마크의 모직물 상인 집안에서 7형제 중 막내로 태어났다.
소년 시절부터 아버지에게 엄격한 기독교 교육을 받는다.
1830
17세, 코펜하겐 대학 신학부에 입학.
1837
24세경, 14세 소녀 레기네 올센을 만나 사랑에 빠진다.
1840
27세, 레기네와 약혼하고 11개월 후 일방적으로 파혼을 통보한다.
1841
28세, 독일 베를린 대학에서 셸링 등의 강의를 듣는다.

괜찮습니다. 내 쪽에서 파혼했어요.★1

읽음 18:08

어머, 그런데 아직 좋아해요?

읽음 18:08

나는 아버지가 너무 엄하게 키우시는 바람에 소년 시절부터 삶에 절망을 느낄 수밖에 없었어요★2.

읽음 18:10

그녀에게는 그 우울을 느끼게 하고 싶지 않았어요…. 그래서 파혼한 건지도 몰라요★3.

읽음 18:10

파혼 후 나는 자신이라는 주체 속에 진리가 있다는 걸 깨닫고 '실존'사상에 눈을 떴죠★4.

읽음 18:11

뭐, 뭔가 복잡해….

읽음 18:13

물어봐서 죄송해요….

읽음 18:14

★1
키르케고르는 27세 때 17세 소녀 레기네와 약혼한다. 그러나 11개월 후 약혼반지를 돌려보내고 일방적으로 파혼한다.

★2
키르케고르의 아버지는 하녀(훗날 키르케고르의 어머니)를 강간해 임신시킨 것에 죄의식을 느껴서 '자신의 죄 때문에 자식은 34세 전에 죽는다'고 예언했다. 키르케고르는 유년기부터 절망과 우울을 느끼며 자랐다.

★3
키르케고르가 파혼한 이유는 확실히 알 수 없다. 그의 내면의 죄의식과의 갈등이 원인이라는 등 여러 설이 있다. 키르케고르 자신은 일기에 '이 비밀을 아는 자는 나의 모든 사상의 열쇠를 쥐고 있다'고 적었다.

★4
키르케고르는 헤겔 철학으로 대표되는 집단적 논리의 옳음이 아니라 개인의 주체성에서 진리를 찾는 「실존철학」을 창시했다.

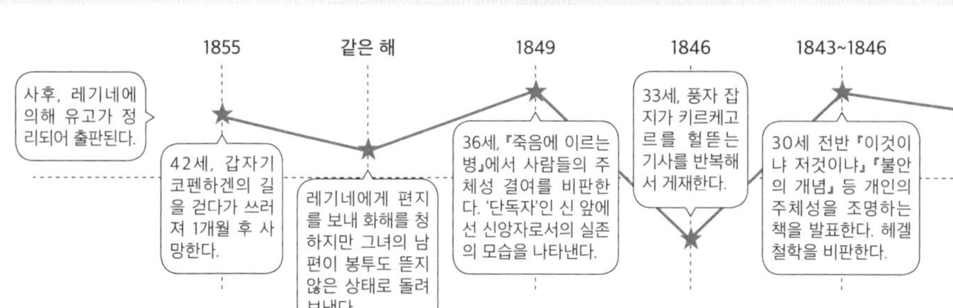

1843~1846
30세 전반 『이것이냐 저것이냐』 『불안의 개념』 등 개인의 주체성을 조명하는 책을 발표한다. 헤겔 철학을 비판한다.
1846
33세, 풍자 잡지가 키르케고르를 헐뜯는 기사를 반복해서 게재한다.
1849
36세, 『죽음에 이르는 병』에서 사람들의 주체성 결여를 비판한다. '단독자'인 신 앞에 선 신앙자로서의 실존의 모습을 나타낸다.
같은 해
레기네에게 편지를 보내 화해를 청하지만 그녀의 남편이 봉투도 뜯지 않은 상태로 돌려보낸다.
1855
42세, 갑자기 코펜하겐의 길을 걷다가 쓰러져 1개월 후 사망한다.
사후, 레기네에 의해 유고가 정리되어 출판된다.

일 잘하는 동료에게 화가 나는 것은 왜일까?

벌떡
부장도 이젠 그 인간 편만 드는 것 같아.
으~음, 그런 것 같지는 않은데요.
죄송합니다. 내일 일찍 움직여야 해서
먼저 실례할게요!
앗, 어이!
!?
분위기 깨네.
에이~
여기 맥주 한 잔 더요!
후후후…

아,
실례….
프리드리히
니체
1844~1900
독일의 철학자
이봐,
지금
나 보고
웃었어?
그런데 당신,
부럽다고 일 잘하는
상대를 얕보는 것은
'노예' 사고방식
아닐까?
노,
노예?
아니, 대체
나의 어디가
노예란 거야?

나는 '르상티망'이라고 부르는데…
그 인간만 행복하다니, 분명 나쁜 짓을 할 거야.
그렇게 일을 잘하다니, 기분 나쁜 인간이야.
힘이 강한 자를 '악', 약한 자를 '선'이라 단정하고
자신의 기준이 아닌 기성 개념만을 평가의 기준으로 삼는 것은
딱 '노예' 사고방식이죠.

르상…?
나, 나는 기성 개념만으로 평가하는 게 아닌데….

하지만 좀 전의 이야기만 들어봐도 '말을 잘한다' '요령이 좋다'고 할 뿐 결정적인 결점은 나오지 않았어요.

그, 그런…
….

지금 상태에서 고민하는 당신은 단순히 상대를 악인으로 만들고 싶은 거 아닌가요?

…확실히
그 인간이
노력하는 것은
알겠어.
고객한테 꼬박꼬박
성실하게 전화하고 작은
회사의 클라이언트에게도
친절하게 대하지.
나는 규모가
큰 고객한테만
좋은 얼굴로….

주문하신
생맥주
나왔습니다!
하지만…
벌떡
깜짝
나는 노예가
아니야!

더 이상 지지
않을 거야! 나도
열심히 하면 그 인간을
따라잡을 수 있어.
중반까지
독주하다 긴장이 풀려
게을리했던 자료와
제안서를 완성해
내일 제일
먼저 인사하러
갈 약속 잡고
…
아, 여기
계산요!
네, 고맙습
니다.
이 맥주는
….

친절한 청년!
감사 인사로 그 맥주
내가 삽니다!

그럼…

▸▸▸ 더 알고 싶으면 p.208

자신의 가치관을 만들어라!

고민하는 영업 사원 다구치는 왜 니체에게 '노예'라 불렸을까?

사회생활을 하다보면 정도의 차이는 있지만 누구나 자신과 타인을 비교하게 된다. 자신보다 우수한 동료, 환경이 좋은 친구, 돈 많은 지인…. 그들에게 무심코 질투심을 느낀 적은 없을까? 마음속으로 '쳇' 하고 혀를 차게 되는 기분, 그것이 니체가 보여준 '르상티망'이라는 개념이다.

19세기 철학자인 니체는 그전까지 기독교가 보여준 선악의 모습을 근본부터 다시 생각했다. 그에 따르면, '가난한 자는 복이 있다'는 말로 대표되는 기독교 사상의 근본에 있는 것은 '현실에 대한 원망'이다. 현실이 잘 풀리지 않기 때문에 강한 자가 나쁘고 약한 자가 옳다는 역전의 발상이 생겨났다고 한다. 그러나 본래 인간의 모습에 어울리는 것은 자신을 강하게 긍정하는 긍정의 에너지다. 부정적인 에너지인 르상티망에 구속되지 않기 위해서는 타인과 비교해도 흔들림 없는 고유의 가치관을 확립하는 것이 중요하다고 생각했다.

니체를 해독하는

KEY WORD

르상티망

뛰어난 상대를 경멸하는 것은 노예?

질투심, 원망. 자신보다 뛰어난 상대에게 품는 부정적인 감정을 말한다. 결과적으로 약한 자신을 '착하다'고 자기 긍정해 본래 선악의 기준을 왜곡해버리는 노예적 가치관, 노예 도덕.

초인

운명을 긍정하라!

니체가 주장한, 기독교를 대신해 인간의 새로운 지침이 되는 이상적인 모습. 기성 개념에서 벗어나 아무리 어려운 현실이 찾아와도 자신의 존재를 긍정하는 인간의 이상상.

『권력에의 의지』『도덕의 계보』『차라투스트라는 이렇게 말했다』

궁극의 긍정적 인간 '초인'을 목표로 하라!

그 녀석은 일을 잘한다.
하지만…

그렇게 일을 잘하다니,
기분 나쁜 녀석이야!

나에게는 나만이 할 수
있는 일이 있다!

싫은 녀석에게 지는 나는
무능한 인간…

초인	노예 도덕
॥	॥
자신의 가치관을 만들어낸다	한 가지 가치관에 지배받는다(르상티망)

'약자가 착하다'고 하는 노예적인 사고방식으로는 자신의 삶을 긍정하기 어렵다.
좋은 것을 좋다고 하는, 자기 긍정을 기본으로 한 가치관을 모색하는 것이 중요하다.

철학적 사고의 원천은?

'강함'을 추구한 니체의 인물상에 대해 알아본다!

역경조차 자신의 철학적 사고의 원천으로 삼는 삶의 방식을 일관했다.

니체×다구치

정말 침착하던데, 어떻게 살아왔어요?

읽음 23:00

평범한 인생은 아니었어요. 어릴 적 아버지의 죽음★1, 친구와의 이별★2, 그리고 인생 최대의 시련은…실연★3.

읽음 23:03

아~ 의외네요!

읽음 23:03

단, 나는 절망하지는 않았어요.

읽음 23:05

실연의 슬픔 속에서 한 저서의 아이디어를 얻어 완성한 것이 『차라투스트라는 이렇게 말했다』★4예요!

읽음 23:05

★1
니체의 아버지는 건실한 신앙을 가진 목사였는데 니체가 다섯 살 때 사고로 사망했다.

★2
오페라 작곡가 바그너의 음악에 심취, 바그너와도 가깝게 지냈다. 논문에서도 바그너를 극찬하는데, 후에 절교한다. 한 오페라에서 독일 제국과 기독교에 아부하는 바그너의 흥행사적인 모습에 환멸을 느꼈기 때문이라고 한다.

★3
루 살로메를 만나 구혼하지만 거절당한다. 살로메는 시인 릴케와 철학자 프로이트(p.212)와도 친교가 있는 지적인 여성이었다.

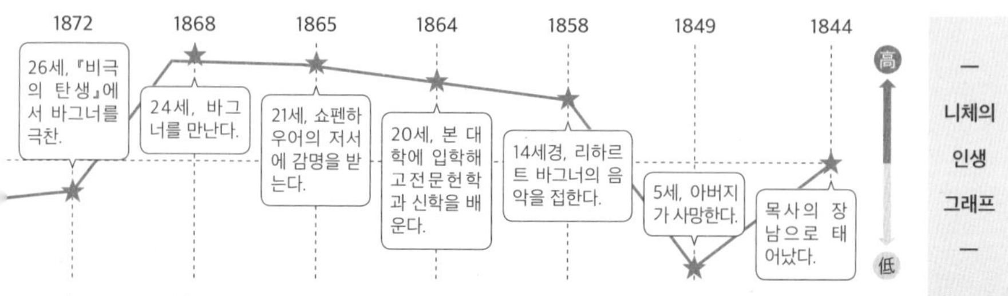

1872
1868
1865
1864
1858
1849
1844
26세, 『비극의 탄생』에서 바그너를 극찬.
24세, 바그너를 만난다.
21세, 쇼펜하우어의 저서에 감명을 받는다.
20세, 본 대학에 입학해 고전문헌학과 신학을 배운다.
14세경, 리하르트 바그너의 음악을 접한다.
5세, 아버지가 사망한다.
목사의 장남으로 태어났다.
高
低

— 니체의 인생 그래프 —

책의 주인공 차라투스트라가 말하는 것이 인류의 이상적인 모습인 '초인'!★5 그야말로 역경 속에 있었기 때문에 번뜩인 아이디어였죠! 나는 그것을 '미래의 성서'라 불렀어요.

읽음 23:06

그런데 내가 혼신의 걸작이라고 느낀 이 저서가 생전에는 거의 평가받지 못했죠★6.

읽음 23:07

'미래의 성서'라… 시대를 너무 앞서 갔나?

읽음 23:08

그래도 나는 현실을 음미하고 즐겨서 살아가는 힘을 얻으려 했어요. 그래서 타인의 눈에는 역경으로 보여도 내 인생에 후회는 없어요.

읽음 23:09

★4
『차라투스트라는 이렇게 말했다』는 한 마디로 니체의 분신이라고 할 수 있다. 니체의 사상을 세계에 널리 알리는 이야기로 되어 있다. 총 4부로 이루어지는데, 제4부는 출판사를 찾지 못해 자비로 40부를 출판했다. 차라투스트라는 조로아스터교 창시자인데, 책의 내용과 조로아스터교와는 관계가 없다.

★5
현실의 고통에 불평하지 않고 자신의 삶을 수용하며 이상을 향해 나아가려는 존재.

★6
1889년, 니체는 머물고 있던 이탈리아의 거리에서 갑자기 기절한다. 깨어났을 때는 이미 제정신이 아니었고, 그 후 본가로 돌아가 여생을 보냈다. 저서가 주목을 받기 시작한 것은 만년으로, 자신의 성공을 이해하지 못한 채 생애를 마쳤다.

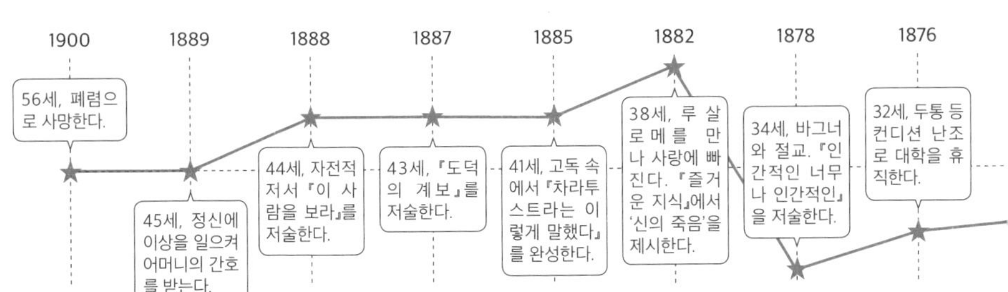

1900
56세, 폐렴으로 사망한다.
1889
45세, 정신에 이상을 일으켜 어머니의 간호를 받는다.
1888
44세, 자전적 저서 『이 사람을 보라』를 저술한다.
1887
43세, 『도덕의 계보』를 저술한다.
1885
41세, 고독 속에서 『차라투스트라는 이렇게 말했다』를 완성한다.
1882
38세, 루 살로메를 만나 사랑에 빠진다. 『즐거운 지식』에서 '신의 죽음'을 제시한다.
1878
34세, 바그너와 절교. 『인간적인 너무나 인간적인』을 저술한다.
1876
32세, 두통 등 컨디션 난조로 대학을 휴직한다.

좋아하는 사람 앞에서는 왜 제대로 말하지 못할까?

연애 상담
…
인가요?
네! 창피해서 친구한테도 말을 못 하겠어요.
철학자
니체
(Chapter 5 참조)
고민하는 청년
코지
그런데 형이 요전에 술집에서 당신에게 조언을 받았다고 해서 나도 가보자 하고….
!?
슥
미안한데 연애는 내 전공※이 아니라서 ….
대신 딱 맞는 선생님을 소개하죠.
네? 정말요?
맨 안쪽 방으로 가보세요.

※니체 인생의 최대 시련은 루 살로메에게 실연당한 것이었다(p.86).

맨
안쪽?
여기네
….
투
욱
앗!
아,
미안
해요.
아, 저야말로
앞을 보지 않아서
미안합….
하~
미인이다!
스타일도
좋고,
모델인가?
또각
또각
아!
저 사람, 여배우
우루시케오카
게이코?
헉

불쑥
저런,
들켰나?
그녀가 여기
온 건 비밀로
해줘요.

요전에
주간지에 불륜
기사가 특종으로
실려 지금 엄청
힘들 텐데.

당신은
…?
바타유라고
합니다. 니체한테
들었어요.
조르주 바타유
1897~1962
프랑스의 철학자

사실 그녀, 사람은
왜 불륜의 사랑을
매력적으로 느끼나
하는 심각한 고민을
갖고 있어요.
불, 불륜을
저지르고 싶은
욕구를 억누를 수
없다는 건가요?
당신은
바람을 피우
거나 불륜을
저지르고
싶나요?
꺄
!!
네? 아뇨!
나는 불륜
같은 건….

그, 그건….
그런데 이상하지 않아요?
'불륜'은 금지되어 있는 행위인데 소설이나 드라마, 영화는 불륜을 소재로 한 것이 넘쳐나요….

그게 바로 나의 연구 주제 '에로티시즘'에서 '금기의 침범'에 느끼는 매력과 비슷해요.

즉, '금지당하면 하고 싶어진다'는 심리죠.

남성이 여성에게 특히 에로티시즘을 느끼는 것도 금지되거나

혹은 감춰진 대상이기 때문이라는 것이 바탕에 깔려 있는 거예요.

팔깍
그럼 당신 얘기도 얼른 들어볼까요?

그러나 이 에로티시즘은 인간에게만 있는 감정이라
사실은 매우 인간다운 감정이죠.
아~!

사실은 최근에 좋아하는 사람이 생겼는데….

그 사람 앞에서는 얼굴이 빨개지고 말이 제대로 안 나와요.
어떡하면 극복할 수 있을지 그게 고민이에요.

오~
참고로, 어떤 사람인가요?

음… 아르바이트 하는 곳 선배인데,
연상이지만 사랑스러운 공주님 같다고 할까…?
보송보송하니 내추럴하달까? 굉장히 순수해서 지켜주고 싶은~!

아뇨.
누가 한 말이죠?

그럼 이런 말을 알고 있나요?
'아름다움에 대한 욕구는 아름다움 자체를 위해서가 아닌, 그것을 더럽힌 후에 기쁨을 느끼기 위함이다!'

납니다!
척
….

즉,
인간은 '아름다울수록 더럽히고 싶어지는' 욕망을 갖고 있다고 생각해요.
아~ 그런가요…?
그렇게 말하니까 확실히…?
당신은 그런 자신에게 무의식적으로 죄악감을 느껴서 그 여성과 마주할 때마다 얼굴이 빨개지는 게 아닐까요?
괜찮아요!
그렇다고 해서 죄의식 가질 필요 없어요.

에로티시즘의
본질은 성의 쾌락과
복잡하게 뒤얽힌
금기 속에서
주어지는 것이니까
그것이야말로 인간의
본질이란 걸 알면
창피할 게 전혀 없죠.

확실히
창피한 일이
아니라고 머리로
이해하면 조금씩
개선될지도….

금방
바뀌지는
않겠지만
노, 노력해
보겠습니다!

⇧ 미유코(Chapter 4 참조)

▸▸▸ 더 알고 싶으면 p.224

에로티시즘은 인간다움의 발로

고민하는 청년 코지가 좋아하는 여성과 말할 때 얼굴이 빨개지는 이유는?

좋아하는 사람을 보면 흥분해서 순간, 말을 제대로 못한 경험이 있을 것이다. 20세기에 활약한 프랑스의 철학자 바타유는 저서 『에로티시즘』에서 프로이트와 니체의 사상, 종교학, 인류학의 견해를 토대로 인간이 본질적으로 갖는 욕망에 대해 논한다. 그가 연구한 '에로티시즘'이란, '금기의 침범'에 느끼는 매력과 같다. 어떤 규칙을 일시적으로 깸으로써 얻어지는 쾌락으로, 인간 고유의 욕망이다.

깨끗한 얼굴과 옷을 더럽힐 때 얻을 수 있는 에로스적인 기쁨을 위해 인간은 '아름다움'을 추구한다. 그리고 연애에서의 범죄는 '아름다움'을 더럽히는 것과 똑같다. 좋아하는 사람 앞에서는 무의식적으로 그런 자신의 감정에 죄악감을 느껴 흥분하거나 얼굴이 빨개진다. 그러나 에로티시즘은 인간의 본질과 강하게 이어져 있는 개념이라고 할 수 있으므로 자신의 감정에 죄악감을 느낄 필요가 없다.

바타유를 해독하는 KEY WORD

에로티시즘

동물에게는 없는 인간 고유의 욕망

인간은 집단을 이루어 노동하는 사회에서 살고 있다. 사회를 유지하기 위해서는 일정한 규칙이 필요한데, 그 규칙을 일시적으로 침범하는 것으로 얻을 수 있는 기쁨이 있다. 그것이 에로티시즘이다. '인간다움'으로 바꿔 말할 수 있다.

금기의 침범

금기는 침범당하기 위해 있다

이성 등 '금지된 존재'를 침범하고 싶은 욕망. 아름다움의 배후에 숨겨진 것을 들추어내고 싶은 감정. 인간에게서만 볼 수 있고, 동물적·본능적인 생식활동과는 근본적으로 다르다.

『에로티시즘』

'금지되기 때문에 하고 싶어지는 것'이 인간다움

누르면 안 된다!

먹으면 안 된다!

열면 안 된다!

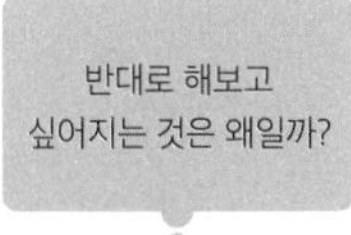

좋아하면 안 된다!

더럽히면 안 된다!

'금기를 범하다'라는 불안의 근원, 일반적으로 규칙을 깰 때 느끼는 두근거림이 게임을 즐기는 고양감과 닮아서 사람을 그 행동으로 내달리게 하는 것일지도 모른다.

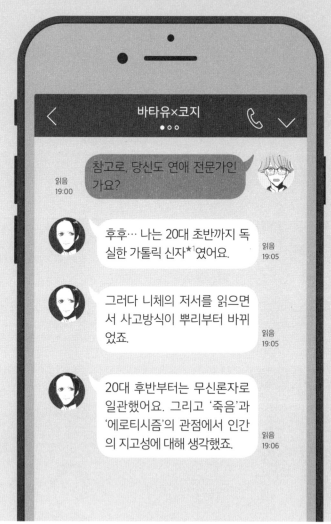

철학적 사고의 원천은?

'지고성'을 추구한 바타유의 인물상에 대해 알아본다!

에로티시즘을 통해 인간의 삶에 대해 고찰했다.

바타유×코지

참고로, 당신도 연애 전문가인가요?

읽음 19:00

후후… 나는 20대 초반까지 독실한 가톨릭 신자★1였어요.

읽음 19:05

그러다 니체의 저서를 읽으면서 사고방식이 뿌리부터 바뀌었죠.

읽음 19:05

20대 후반부터는 무신론자로 일관했어요. 그리고 '죽음'과 '에로티시즘'의 관점에서 인간의 지고성에 대해 생각했죠.

읽음 19:06

★1
바타유의 아버지는 중증 매독 환자로 반신불수였다. 그리고 어머니는 그런 남편을 헌신적으로 간호했다. 그 때문인지 부모가 무종교임에도 불구하고 바타유는 10대 때 가톨릭 신자가 되어 20대 초반까지 신앙생활을 했다. 그러나 그 후로는 무신론자가 되었다.

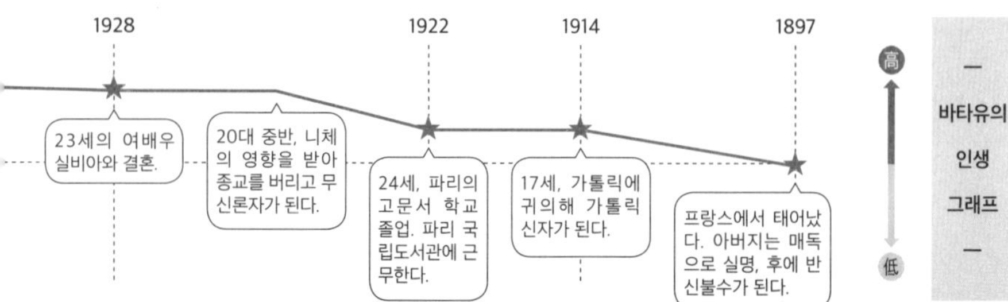

1928
1922
1914
1897
23세의 여배우 실비아와 결혼.
20대 중반, 니체의 영향을 받아 종교를 버리고 무신론자가 된다.
24세, 파리의 고문서 학교 졸업. 파리 국립도서관에 근무한다.
17세, 가톨릭에 귀의해 가톨릭 신자가 된다.
프랑스에서 태어났다. 아버지는 매독으로 실명, 후에 반신불수가 된다.
高
低

— 바타유의 인생 그래프 —

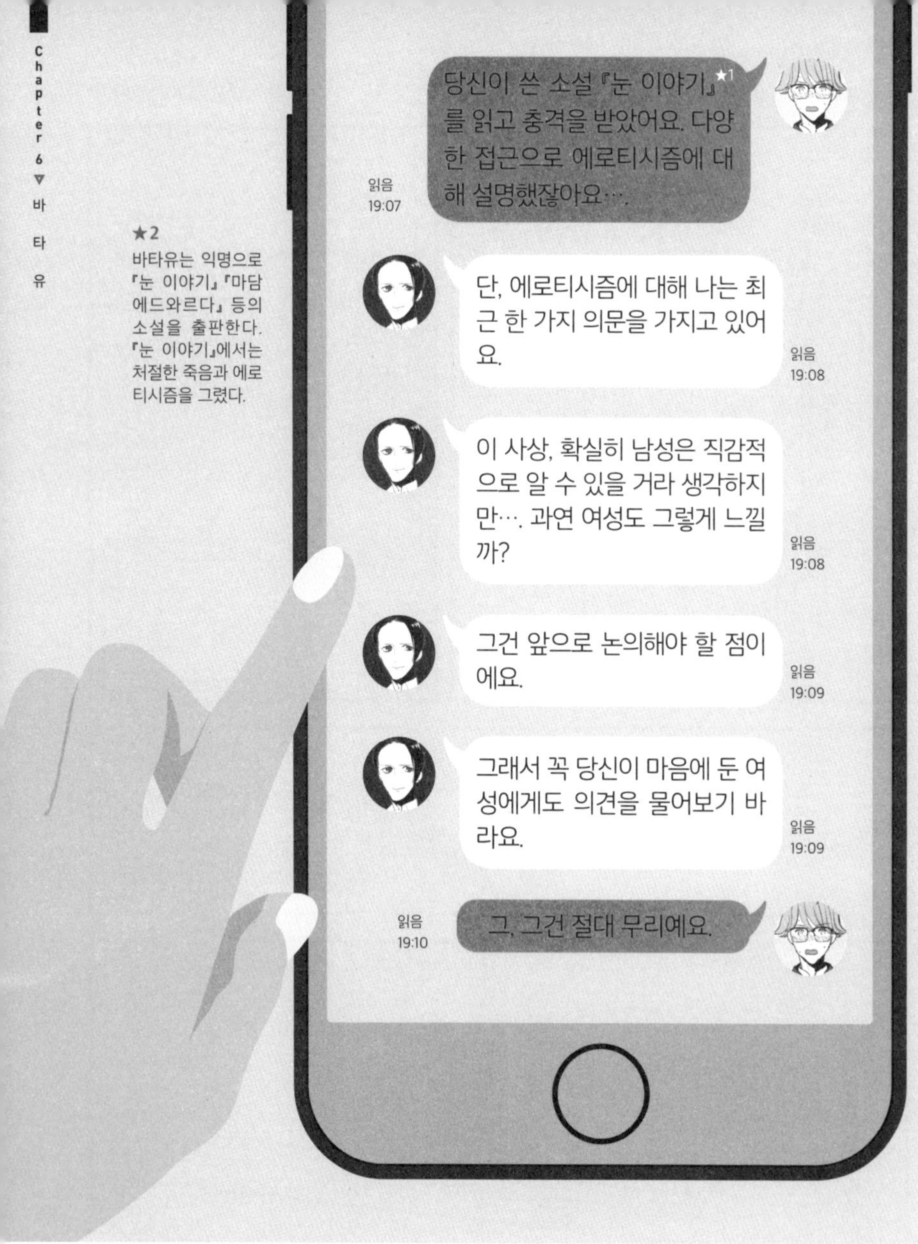

당신이 쓴 소설 『눈 이야기』★1를 읽고 충격을 받았어요. 다양한 접근으로 에로티시즘에 대해 설명했잖아요….

읽음 19:07

단, 에로티시즘에 대해 나는 최근 한 가지 의문을 가지고 있어요.

읽음 19:08

이 사상, 확실히 남성은 직감적으로 알 수 있을 거라 생각하지만…. 과연 여성도 그렇게 느낄까?

읽음 19:08

그건 앞으로 논의해야 할 점이에요.

읽음 19:09

그래서 꼭 당신이 마음에 둔 여성에게도 의견을 물어보기 바라요.

읽음 19:09

그, 그건 절대 무리예요.

읽음 19:10

★2
바타유는 익명으로 『눈 이야기』 『마담 에드와르다』 등의 소설을 출판한다. 『눈 이야기』에서는 처절한 죽음과 에로티시즘을 그렸다.

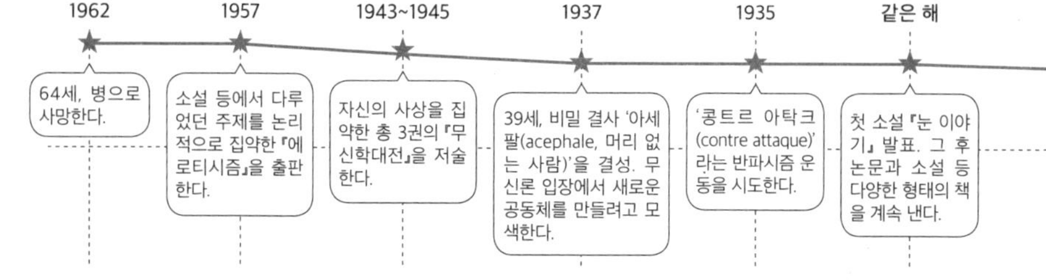

1962
64세, 병으로 사망한다.
1957
소설 등에서 다루었던 주제를 논리적으로 집약한 『에로티시즘』을 출판한다.
1943~1945
자신의 사상을 집약한 총 3권의 『무신학대전』을 저술한다.
1937
39세, 비밀 결사 '아세팔(acephale, 머리 없는 사람)'을 결성. 무신론 입장에서 새로운 공동체를 만들려고 모색한다.
1935
'콩트르 아탁크(contre attaque)'라는 반파시즘 운동을 시도한다.
같은 해
첫 소설 『눈 이야기』 발표. 그 후 논문과 소설 등 다양한 형태의 책을 계속 낸다.

동아리를 탈퇴하면 자신의 자리가 없다?

매일 아침
베란다에서
커피를 마시며
담배를 피운다.
힐끗
분위기가
조금 묘하지만
꽤 멋져.
앗!
안녕하세요!
보고
말았어.
자주 보네요.
시간 있으면
우리 집에서
커피라도
마실래요?
네?

고맙습니다.
달그락…
학생이지? …가기 싫었던 거죠?
네…?

학교.
얼굴 보니 바로 알겠네.

…사실은 소속한 동아리에 적응이 안 돼서 탈퇴했어요.
이벤트 동아리인데….

동아리를 관리하는, 스타일 좋은 애들에게 인정받지 못하면 존재 가치 제로라는 취급을 받기 때문에 모두 벌벌 떨어요.

요즘 흔한 '스쿨 카스트' 같은 건가요?

그룹 채팅창이 계속 뜨는데 안 읽을 수도 없고 정말 성가셔요….

매우 매력적이다

매력적이다

보통

매력적이지 않다

하지만 솔직히 동아리를 그만두니까 어울릴 친구도 없어서 한가한 시간을 주체 못하겠어요….

악은
악인이 만드는 게 아니라 생각을 멈추는 보통 사람이 만들죠.
….
네?
옛날이나 지금이나 다르지 않죠.
사람은 고독의 불안과 허무함에서 일체감을 원해요.

나, 나도
생각을 멈춘
사람이라는
건가요?

…?
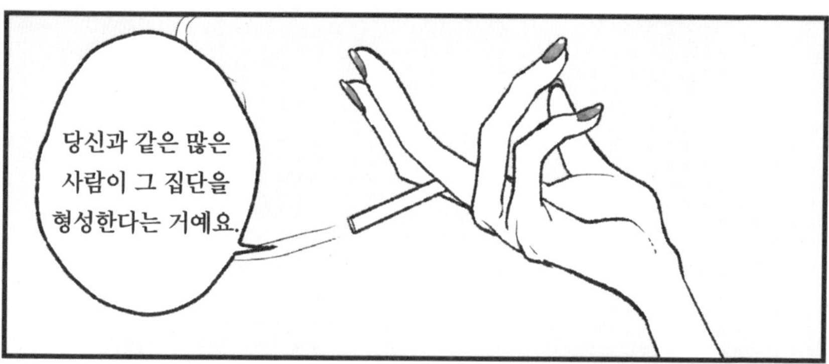
당신과 같은 많은
사람이 그 집단을
형성한다는 거예요.

하지만 당신은
지금 그걸
알았어요.
생각해야
할 문제는,
앞으로 어떻게
행동하냐겠죠?

그,
그런….

이대로는
안 돼….
…!
…아뇨.
학교
가려고요.
커피 한 잔
더 할래요?
커피 잘
마셨습니다!
Hannah
(한나)
Arendt
(아렌트)

▸▸▸ 더 알고 싶으면 p.226

집단에 따르지 말고 개인으로 살아라!

고민하는 대학생 하루카가 동아리 활동에서 느낀 갭(gap)은?

독일 태생의 철학자 아렌트는 유대인이라서 나치의 박해를 피해 미국으로 망명해 국적을 얻었다. 그녀는 저서 『전체주의의 기원』에서 나치즘의 심리적인 기본을 분석한다. 특히 나치 간부였던 아이히만의 재판을 방청한 후 쓴 『예루살렘의 아이히만』은 세계적인 논쟁을 불러일으켰다. 아렌트는 '완전한 무사유가 시대의 가장 악랄한 범죄자 중 한 사람이 된 요인이었다'고 말한다. 지극히 평범한 사람이 사고를 정지하는 것으로 주위에 물들어 악이 된다…. 사실은 '악(惡)'이 아니라 하더라도 집단에서 일어날 수 있는 일들 가운데 얼마든지 볼 수 있는 일이다. '모두 찬성한다면' 하는 가벼운 기분으로 같은 가치관을 믿고 안심하지 않을까? 학교나 직장 내 인간관계에서 히에라르키(피라미드형의 계층 조직)가 생겨나고 서서히 '옳은' 가치관이 공유된다…. 아렌트는 어디서든 볼 수 있는 그런 모습에 대해 날카롭게 지적한다. '사람은 생각하기를 멈춰서는 안 된다!'

아렌트를 해독하는 KEY WORD

전체주의

전체의 의식이 자신의 의식이 된다

개인의 권리나 이익보다 전체의 이익이 우선되는 것. 그 배경에는 사회에서 자리를 잃은 대중이 마음을 기댈 곳을 찾아 자신이 안주할 수 있는 세계관에 동조하는 심리가 있다.

악의 평범성

평범한 사람이라고 해서 좋은 사람은 아니다

악은 악마적인 사람에게만 생기는 것이 아니다. 지극히 평범한 인간이 현실에서 눈을 돌리고 사고하기를 포기해 정치적인 권력에 맹종함으로써 생겨나기도 한다.

『전체주의의 기원』『예루살렘의 아이히만』

집단의 의견이 항상 옳은 것은 아니다

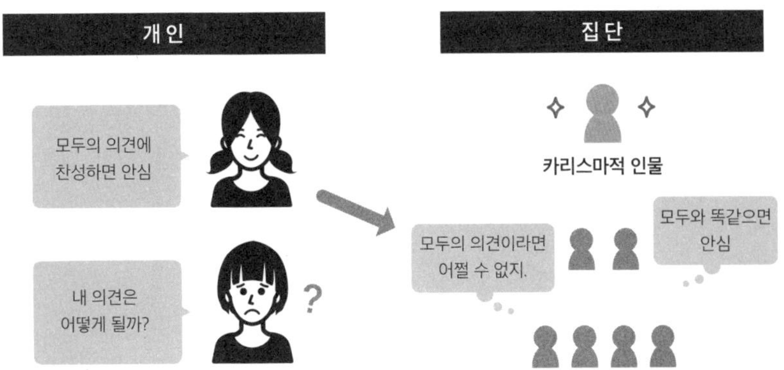

개인
집단
모두의 의견에 찬성하면 안심
내 의견은 어떻게 될까?
카리스마적 인물
모두의 의견이라면 어쩔 수 없지.
모두와 똑같으면 안심

집단으로 활동하는 것은 안심감을 준다. 또, 개인이 단결하는 것으로 집단의 발전을 기대할 수 있다. 그러나 개인의 의지가 존중되지 않는다면 어떨까?

개인이 집단(전체)을 구성하는 일부가 된다. 집단의 맨 위에 있는 인물의 가치관에 소속된 사람들이 동조하거나 또는 집단의 의견에 개인이 동조한다.

철학적 사고의 원천은?

'냉철한 관찰가' 아렌트의 인물상에 대해 알아본다!

철학, 그리고 스승 하이데거와의 만남을 통해 자신의 철학을 확립시켰다.

아렌트×하루카

대학 시절이 그립네요. 스승인 하이데거★[1]를 만난 것도 학생 때였죠. 읽음 22:00

읽음 22:03 하이데거라면 철학자요?

그때 나는 18세, 그는 35세로 철학 교수였죠. 철학이 전공이었던 나는 그의 사색 방법에 큰 영향을 받았어요. 읽음 22:05

읽음 22:05 나도 철학사를 조금 공부했는데, 하이데거는 나치 당원★[2]이었잖아요.

★1
하이데거(p.218)는 아렌트와의 만남으로 그의 대표 저서 『존재와 시간』의 집필에 영향을 받았다고 한다.

★2
하이데거는 전후 나치를 옹호했다는 이유로 대학에서 쫓겨났고 이전의 권위를 회복하는 데도 시간이 걸렸다. 그때 하이데거의 입장을 옹호하는 데 솔선수범한 사람이 아렌트였다.

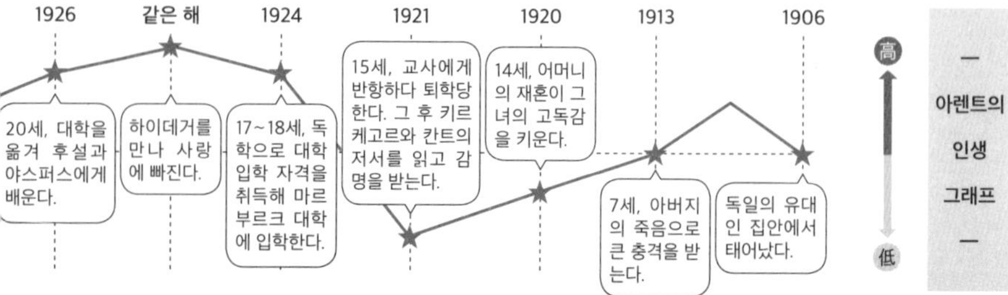

1926
20세, 대학을 옮겨 후설과 야스퍼스에게 배운다.
같은 해
하이데거를 만나 사랑에 빠진다.
1924
17~18세, 독학으로 대학 입학 자격을 취득해 마르부르크 대학에 입학한다.
1921
15세, 교사에게 반항하다 퇴학당한다. 그 후 키르케고르와 칸트의 저서를 읽고 감명을 받는다.
1920
14세, 어머니의 재혼이 그녀의 고독감을 키운다.
1913
7세, 아버지의 죽음으로 큰 충격을 받는다.
1906
독일의 유대인 집안에서 태어났다.
高
低
아렌트의 인생 그래프

그래요. 그는 '독일을 공산주의로부터 지키기 위해서였다'고 말했는데, 나는 개성을 완전히 무시한 시스템을 만드는 것에 있어서는 공산주의도 나치도 같은 입장★3이라고 생각해요.

읽음 22:07

그것과 관련해서…

읽음 22:07

두 사람이 연인 사이★4였다는 게 정말인가요?

읽음 22:07

글쎄요. 하지만….

읽음 22:08

한 가지 말할 수 있는 것은 나는 하이데거를 만나 철학에 빠져들었어요. 철학자 개인의 사생활과 그 사상의 평가가 어떻게 결부되는가는 앞으로 논의가 이루어져야 할 거예요.

읽음 22:09

★3
저서 『전체주의의 기원』에서 나치즘과 스탈리니즘(스탈린주의) 같은 전체주의 국가의 역사적 의미를 고찰한다.

★4
아렌트와 하이데거는 만남부터 아렌트의 죽음까지, 중간에 끊기기는 하지만 복잡한 관계를 계속 유지했다. 반유대주의 고발로 알려진 아렌트가 헌신적으로 하이데거를 도와준 사실은 아렌트의 인간적인 측면을 보여주는 에피소드이기도 하다.

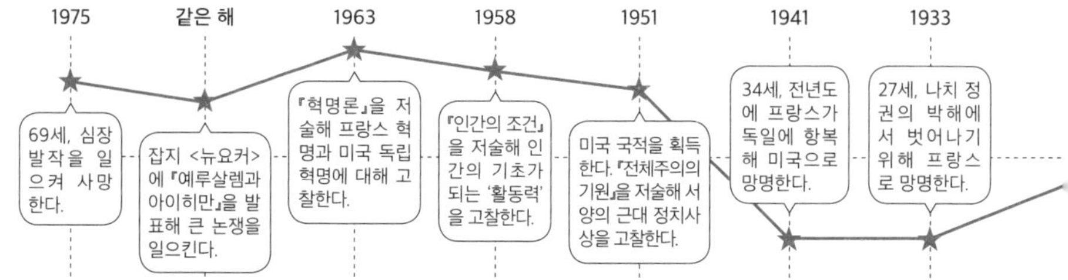

1975
69세, 심장 발작을 일으켜 사망한다.
같은 해
잡지 <뉴요커>에 『예루살렘과 아이히만』을 발표해 큰 논쟁을 일으킨다.
1963
『혁명론』을 저술해 프랑스 혁명과 미국 독립 혁명에 대해 고찰한다.
1958
『인간의 조건』을 저술해 인간의 기초가 되는 '활동력'을 고찰한다.
1951
미국 국적을 획득한다. 『전체주의의 기원』을 저술해 서양의 근대 정치사상을 고찰한다.
1941
34세, 전년도에 프랑스가 독일에 항복해 미국으로 망명한다.
1933
27세, 나치 정권의 박해에서 벗어나기 위해 프랑스로 망명한다.

알아두면 도움이 되는 중국의 철학자들

기원전 4세기경에 태어난 공자를 시조로 하는 유교와 노자를 원류로 하는 도교는 후세에도 큰 영향을 미쳤다.

도교

노자 B.C.?~B.C.?

있는 그대로의 삶을 살자

춘추전국시대의 사상가. 『사기(史記)』에 따르면, 주나라의 관리를 지냈다. 무위자연(無爲自然)으로의 복귀를 강조한 도교의 시조이며 실존 인물인지는 확실하지 않다.

사상 유가(儒家) 철학의 가르침을 정면으로 부정하며 자연의 섭리에 거스르지 않고 있는 그대로의 삶을 살라(무위자연)고 강조했다.

장자 B.C.4세기경

모든 것을 있는 그대로 받아들이자

전국시대 송나라의 사상가. 그의 사상은 노자와 합해 노장사상으로 불린다. 대표 저서 『장자』에서는 도교의 근본 사상을 우화로 설명한다.

사상 인간이 만들어낸 시비(是非)와 선악, 미추(美醜), 귀천 등의 가치관을 버리고 모든 것을 있는 그대로 받아들이는 것에 진정한 자유가 있다고 설명한다.

중국 철학은

생활과 자연 등 현실과 깊이 연결된 사상

중국에서는 고대부터 크고 작은 나라들이 서로 세력을 다투어 각 나라의 형태를 유지하기 위해 많은 사상가·유학자가 생겨났다(제자백가). 반면, 서양철학과 달리 철학과 종교를 명확히 구별하는 틀은 없고 '가르침'을 지키는 것이 중시되었다. 그래서 서양철학의 기본인 각각의 철학자가 명제를 근간부터 전개해 나가는 자세는 생겨나지 않았다.

유교

공자 B.C.551~B.C.479

'인(仁)'과 '예(禮)'의 중요성을 강조하다

춘추시대의 사상가. 유교의 시조. 50대 중반부터 십 수 년간 제자들과 여러 나라를 돌며 제후에게 도덕적인 정치의 자세를 설명했다. 대표적 저서 『논어』는 공자의 언행을 제자들이 기록한 것이다.

사상 사람을 사랑하는 마음인 '인'과 사회의 규범인 '예'를 중시했다. 인과 예는 일체로, 예의 실천으로 개인의 마음에 인이 지켜진다고 생각했다.

맹자 B.C.372?~B.C.289?

'성선설(性善說)'을 주장하다

전국시대의 유학자. 공자의 계승자를 자처하며 여러 나라를 돌면서 정치 사상 등을 설파했다. 그의 언행을 기록한 『맹자』는 『논어』와 함께 유교 경전 중 하나다.

사상 사람의 천성은 선천적으로 선(善)하며, 그것을 발전시키면 덕(德)을 얻을 수 있다는 '성선설'을 주장했다.

순자 B.C.298?~B.C.238?

'성악설(性惡說)'을 주장하다

전국시대 말기의 사상가로, 초나라의 관리를 지냈다. 공자, 맹자의 후배이며 맹자의 '성선설'을 부정하고 '성악설'을 주장했다.

사상 인간의 본성은 악(惡)하지만 '예'의 교육과 실천으로 덕을 얻을 수 있다는 '성악설'을 주장했다.

플라톤과 스승 소크라테스의 만남

딸깍
플라톤 선생님, 차 가져왔는데 드시겠어요?
똑 똑

에이~ 오늘도 소크라테스 선생님은 가버리셨어요?
아직도 소크라테스 선생님을 직접 뵙지 못했네요.
사람들과 철학적 토론을 하지 않으면 죽을 것 같은 분이니까요.

아, 고마워요.

그래도
좋아요.
선생님은 오로지
자신의 철학적 이상을
추구하고… 선생님의
철학을 나름대로
발전시키는 것이 나의
일이라고 자부하니까.

소크라테스
선생님을 정말
존경하시네요.
네네!
선생님을 만나
세계가 변했으니까!

플라톤 선생님은
원래 굉장한
엘리트였다고
들었어요.

엄밀히 말해 선생님은
제자를 두지 않는
분이라 실질적인
제자라고 생각해요.

후후,
그랬죠.

하지만
우연히 길에서
선생님을 만나
인생이 완전히
바뀌었어요!

왕의 피를 이어받은
귀족의 자제로, 문학과
연극, 시에 조예가
깊을 뿐 아니라
정치가를 목표로
했다고요.

선생님은
매우 특이한
분으로,
당시 철학자는
거리에서 연설하는
스타일이 많았는데
선생님은
길가는 사람을
붙잡고 질문을
던져 대화하는
스타일이었죠.
저기, 당신
무지한 내게
가르쳐 주지
않겠소?

그러나 선생님과 대화를 한 뒤….

사랑이란 무엇인가?

보다 잘 살기 위해 필요한 거죠.

그럼 보다 잘 사는 것이란?

정의에 따라 사는 겁니다.

그럼 정의란?

음, 정의란 ….

부끄럽지만 그 무렵 나는 스스로 모든 것을 알고 있는 인간이라고 자부했어요.

선생님이 문답을 시작한 계기는 선생님의 친구가 신전에 가서…
소크라테스 보다 현명한 사람이 있습니까?
없소.
하는 신탁※을 받았기 때문이에요.

선생님은 그 말을 듣고

나는 사물에 대해 모르는데 이상하네….

하고 생각해서 많은 지식인과 문답을 해 보았죠.

그러자…

나보다 지식은 많은데 가장 중요한 사항인 「본질」에 대해서는 '사실은 모르는데도 알고 있다고 생각하는' 사람들뿐이다.

※신의 계시. 매개자를 통해 전해진다.

하지만 그런 문답법을 사용해 정치가와 철학자를 논파하자

젊은이를 타락시켰다는 죄를 뒤집어쓰고※ 사형 선고를 받았어요.

선생님은 '모른다는 것을 알고 있는' 자신이 타인보다 조금은 현명할지 모른다고 깨달은 거예요.

어렵네요.

그들은 선생님에게 창피당한 것에 앙심을 품고….

본질을 탐구했을 뿐인데도요?

네?

와아아아악
선생님, 얼른 도망치세요!
물론 선생님의 친구와 제자는 모두 선생님을 구하려 했지만

※ 정치가들은 젊은이들에게 인기를 얻은 소크라테스를 위험한 존재로 여겼다.

만일 내가 여기서 법을 따르지 않고 도망친다면 지금까지의 주장을 스스로 부정하는 것이 돼.
그것은 진정한 선을 추구하는 자로서 있을 수 없는 일이야.
나는 법정에서 충분히 내 의견을 말했네.
턱
기다리게.

선생님! 그건 독이 든 잔…!

네…?

선생님은 '악법도 법이다' 라는 말을 남기고 독이 든 잔을 비웠어요.
잠깐만요, 그럼 소크라테스 선생님은?
자, 오늘도 많은 철학 토론을 해봅시다!
소크라테스 선생님의 철학을 발전시키는 것이 나의 사명이니까.
플라톤은 훗날 소크라테스의 사고방식에서 더 나아가 '이데아론'이라는 독자적인 이론을 이끌어낸다.

제2장

욕구불만 해소!

편안한 삶을 위한 철학

사고방식을 바꾸면
인생은 생각했던 것 이상으로 살기 편해진다!
그날그날의 작은 갈등을 해소하는 데 도움이 되는,
오늘부터 실천할 수 있는 철학적 사고법을 제시한다.

인생의 의문에 철학적으로 마주하다 01

자유로운데 왜 채워지지 않고 허전한 걸까?

개인의 자유가 보장된 현대사회.
그런데도 자유롭게 살고 있다는 실감이 나지 않는다…

자유롭기 때문에 다양한 생활방식이 있고, 또한 그 생활방식이 옳다는 보장이 없다

'인생을 어떻게 살아야 할까?' 이에 절대적인 답이나 가치관이 제시되지 않는 것이 현대사회다. '자유'라는 이름하에 다양한 생활방식이 인정되지만 과연 그것들이 옳은지는 아무도 보장해주지 않는다. '진정 행복해지는 방법'은 어디에도 쓰여 있지 않고 아무도 가르쳐주지 않는다.

또 '자유'롭다고 해서 반드시 자신이 바라는 삶을 살 수 있는 것도 아니다. 개인이 똑같이 자유롭기 때문에 각자의 재능과 운이 인생을 좌우하고, 꿈과 목표가 반드시 달성되는 것도 아니다. 자유로운데 뭔가 채워지지 않는 허전한 느낌…. 그 이유는 '자유로운 생활방식을 인정해주는 사회'에 살지만 '제한된 삶밖에 살 수 없다'는 것에 납득하지 못하기 때문이다. 그러나 자신의 인생은 자신에게 달렸기 때문에 최선을 다해 그것과 마주하는 수밖에 없다. 우선은 그런 자세로 자신이 가장 납득할 수 있는 답을 찾아보자.

완전히 '자유롭게' 살기는 어렵다

꿈은
뮤지션

편의점에서
아르바이트를 하고 있지만
꿈은 버리지 않는다.

부상 때문에 현역 선수로
뛰는 것을 포기했지만

아이들의 지도자로
하루하루 충실하게
보낸다.

희망하던 대로
일류 기업에 근무

일이 즐겁지는 않지만
돈을 벌기 위해서는
어쩔 수 없다.

그 삶에 납득할까?

예를 들어, 꿈을 이루지는 못했지만 자신이 선택한 길을 받아들일 수 있으면 '자유'를 느낄 수 있다. 반대로 자신의 희망대로 살고는 있지만 반복되는 일상이 기꺼이 받아들여지지 않으면 본래 자신이 바랐던 삶과 다를 수 있다. 자기 안의 '답'은 사람마다 다르다.

철학자가 주는 생각 힌트

키르케고르
절망
p.73

사람은 '현재의 자신'에게 불만을 느껴서 '그랬으면 좋았을걸' 하고 상상하거나 '그렇게 될 수밖에 없게 되어 있다'고 포기함으로써 '절망'에 빠진다.

니체
권력에의 의지
p.209

'인생'은 고뇌와 모순으로 가득 차 있는 한편, 한순간일지 모르지만 행복도 존재한다. 현재의 삶을 받아들이고 자기만의 인생을 긍정하는 것이 중요하다.

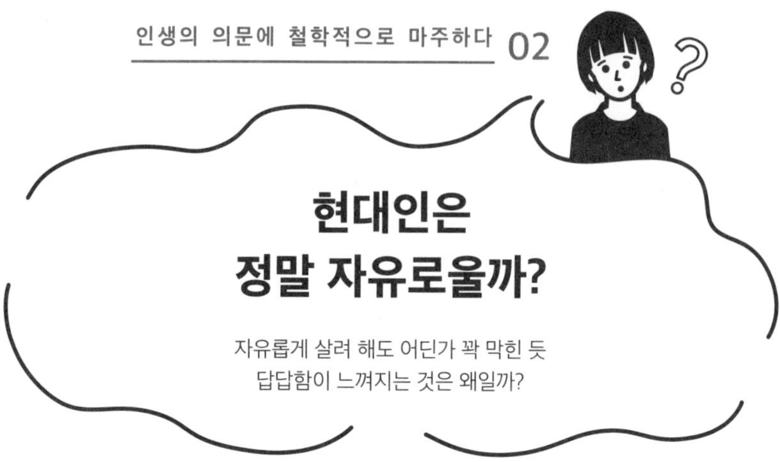

인생의 의문에 철학적으로 마주하다 02
현대인은
정말 자유로울까?
자유롭게 살려 해도 어딘가 꽉 막힌 듯
답답함이 느껴지는 것은 왜일까?

절대적인 지배자가 없어 자유로운 반면 '상식'이라는 권력이 출현한다

프랑스의 철학자 푸코는 현대사회에 숨어 있는 '권력'에 대해 날카롭게 지적한다. 중세 시대에는 왕의 권력이 사람들을 지배했다. 그 권력이 모습을 감춘 근대 이후, 사람들은 자신이 만든 '상식'이라는 권력으로 자신을 지배하고 있다고 지적한다.

'자유'롭다고 생각되는 현대사회에서도 SNS에서 별 생각 없이 한 말에 '상식 밖'이라며 악플이 쇄도한다. 네트워크가 발달한 시대라서 소수파에 대한 다수파의 간섭은 빈번히 일어난다. 그리고 '상식 밖'이라고 비난한 사람은 자신이 '권력'을 휘두른다고 생각하지 못한다. '상식'이 '이 세계의 진리'처럼 받아들여지기 때문이다.

그러나 예전 기독교에서 신의 존재를 확신했던 것처럼 과연 현대의 '상식'이 일과성이 아니라고 누가 말할 수 있을까? '상식'은 언젠가 뒤집힐지도 모른다.

현대인을 구속하는 보이지 않는 권력이란?

인간관계

'공기를 읽다' '공감하다'
'풍파를 일으키지 않는다'
등의 협조성을 중시한다.

가족관계

'좋은 대학에 다닌다'
'적령기가 되면 결혼한다'
등의 '바른 행실'을
요구한다.

왠지
숨 막혀…

여론/SNS

'감동' '행복' '건전'
'청결감' 등의 긍정적
이미지를 칭찬한다.

분명 자유로울 텐데, 다양한 규칙에 얽매여 살 수밖에 없는 것이 현대사회다. 푸코는 시대 특유의 '인지 틀'을 '에피스테메'라 부르며 진정 개인의 행복이 실현되는 사회란 무엇인지 고민했다.

철학자가 주는 생각 힌트

푸코
에피스테메(epistēmē)
p.230

푸코가 말하는 에피스테메는 각 시대의 '인지 틀'을 가리킨다. 사람들은 그 틀에 따라 세계를 인식하므로 보편적인 인식은 성립하지 않는다.

홉스
리바이어던(Leviathan)
p.188

사회 구성원이 합의해 자신의 권리를 절대적인 권력에 넘김으로써 사회질서가 유지된다는 사고방식. 예전에는 절대왕정의 성향에 가까웠다.

모두가 평등하면 모두 행복해질 수 있을까?

문제시되고 있는 사회적 격차. 그럼 모두가 평등하면 사회 구성원 전체가 행복해질 수 있을까?

진짜 행복한 사회 실현을 위해서는 '자유'와 '평등'의 양립이 필요하다

현대사회는 빈부 문제로 인해 '격차 사회'로 불린다. 그럼 격차를 모두 없애면 행복한 사회가 실현될까? 역사적으로 보면 '만인의 평등'이라는 이상을 내걸고 발족한 사회주의 국가는 예외 없이 독재정치에 이르렀다.

이 문제에 대해 끊임없이 생각한 것이 근대 철학이다. 거기서는 '자유'와 '평등'을 양립시키기 위한 원리(방법)가 문제시되었다. 우선, 출생과 성별을 불문하고 모든 인간을 한 인격으로 인정하는 평등성이 대원칙이다. 구체적으로는, 교육받을 권리와 선거권 등이 모든 사람에게 똑같이 주어지는 것이다. 물론 사람들 사이에 빈부 격차는 존재하지만 세금을 비롯한 다양한 제도로 재산의 재분배를 실행해 가능한 한 평등을 확보한다.

한편, 노력하면 보상받을 수 있는 자유, 부를 얻으려는 노력도 사람들의 '자유'다. 그 자유가 인정되지 않는 사회, 즉 평등을 강제하는 사회는 행복의 중요한 조건이 결여된 것이다.

'평등'과 '자유'는 양립한다?

사회적으로 적절한 구제 조치가 필요하다

모든 사람이 평등하면 노력을 보상받지 못해서 불행하다.
반면, 출발 지점이 크게 다르기 때문에 노력해도 보상받지 못하는 사회도 불행하다.
모든 사람이 행복하려면 사회 전체의 균형이 중요하다.

철학자가 주는 생각 힌트

밀
질적 공리주의
p.202

벤담의 사고방식을 체계화해 지성과 도덕관을 키우는 교육으로 기쁨·즐거움·유쾌함 등 지적인 만족도(질 높은 행복)를 높이려고 했다.

벤담
최대 다수의 최대 행복
p.201

국가에서 행복한 개인의 수가 가장 많아지도록 통치하는 것이 정의라는 사고방식. 벤담은 독자적인 기준에 의한 쾌락의 계산법을 고안했다.

이성에게 인기 있으면 반드시 행복해질 수 있을까?

이성에게 '인기' 있는 것은 성별과 세대를 초월해 많은 사람이 흥미를 갖는 분야다. 이성에게 인기 있는 것이 그렇게 중요할까?

연애 기회는 늘어날 수 있지만 반드시 행복해질지는 알 수 없다

플라톤이 말하는 '플라토닉 러브(platonic love)'는 일반적으로 '성욕을 배제한 정신적인 사랑'을 가리킨다. 그러나 엄밀히 말하면 그 해석은 옳지 않다. 플라톤에 따르면, 사랑에는 단계가 있어서 먼저 '육체적 사랑'으로 시작된다고 한다. 다음으로 아름다운 행동 등의 '도덕적 사랑', 그리고 '정신적인 사랑'에 이르게 된다. 즉, 육체적인 사랑이 없으면 정신적인 사랑에 이를 수 없다는 것이다.

현대에도 아름다운 외모는 이성에게 '인기'의 필수조건이다. 반면, 이성에게 인기 있는 사람이 꼭 깊은 사랑을 받는 것은 아니다. 즉, 이성에게 인기가 있다고 꼭 행복해질 수 있는 것은 아니다.

그렇다고 해서 이성에 대한 '인기'를 부정하는 것은 그 가치관을 왜곡하는 것이다. 인간적인 매력에는 여러 요소가 있고, '인기'는 한 가지 가치관의 모습일 뿐이다. 그 점을 깨달으면 '인기'만이 아니라 자신의 새로운 매력을 발견할 수 있지 않을까?

이성에게 인기 있으면 행복하다고 느끼는 이유는?

여러 명의 이성에게 자신의 가치를
인정받는다

II

자기가치 승인에 대한 욕망이 충족된다

'인기'는 한 가지 가치관의 모습. 이성에게 인기 있는 것으로 자기가치 승인에 대한 욕망이 채워진다. 연애 기회도 많이 가질 수 있다.

이성에 대한 인기만 의식해 현실 도피나 절망감, 질투심을 품기보다 다른 관점에서 생각해보자.

사실은 매력적인데 주위에서 몰라본다		현실 도피
인기가 없으면 살아갈 의미가 없다		절망
이성에게 인기 있는 사람은 인격적으로 문제가 있다		르상티망(질투)
이성에게 인기 있는 것 외에 자신의 존재 가치는?		생각하는 것으로 앞으로 나아갈 수 있다

철학자가 주는 생각 힌트

니체
르상티망
p.85

질투심과 원망 등 자신보다 잘난 상대에게 품는 부정적인 감정. 약한 자신을 '선'으로 자기 긍정하는 것은 자연스러운 선악의 가치 기준을 왜곡한다.

플라톤
영혼의 배려
p.33

인간이 보다 선하게 살기 위해서는 어떻게 해야 할까? 세상의 평가 같은 표면적인 것뿐 아니라 자신의 내면(영혼)을 배려하는 것의 중요성을 호소했다.

부자가 되면 행복해질 수 있을까?

'돈이 있으면 좋겠다'고 생각하는 마음에는 끝이 없다.
그럼 돈이 많을수록 행복도가 높을까?

돈은 중요하지만, 삶의 목적이 없으면 행복해지기 어렵다

니체는 '청빈'을 선량함의 상징으로 긍정한 기독교의 가치관을 '노예 도덕'이라고 비판했다. 가난함을 '선', 부유함을 '악'으로 여기는 사고방식은 약자의 '르상티망'(원망)에 불과하다. 역사적으로도 인간적인 문화·문명은 가난함 속에서는 성장하지 않는다. 사회에 일정한 부의 여유가 있어야 비로소 문명이 생겨난다. 그런 의미에서도 돈은 중요하다.

그러나 어느 정도 성숙한 사회에도 빈부 격차는 존재한다. 먹고사는 데 어려움이 없는 상황에서 '부자가 되고 싶다'고 생각할 때 중요한 것은, 삶의 목적 자체가 '부자가 되는 것'이어서는 안 된다는 것이다. 경제사회에서 돈이 없으면 살 수 없지만 그렇다고 돈이 많을수록 행복도가 높아지는 것은 아니다. 먼저, '삶의 보람'이 있고 그것을 실현하기 위해 부를 쌓는다. 그 순서가 바뀌면 부유해도 삶의 목적을 잃어버릴 수 있다.

한 가지 가치관에 얽매이면?

소득은 낮지만 딱히
돈에는 관심 없고…
아르바이트가
자유로워

저축도 중요하지만
취미에도 돈을 쓰고
싶어.
등산, 최고!

결혼? 취미?
그게 돈이 될까?

돈은 없어도 좋다 ⟷ 돈만 있으면 된다

인생의 목적과 즐거움이 있어야 돈을 버는 것에도 의미가 있다.
반대로 돈이 없으면 하고 싶은 일을 할 수 없는 것도 사실이다.
따라서 매사 균형이 중요하다.

철학자가 주는 생각 힌트

들뢰즈
리좀(rhizome)
p.232

형이상학에서 복수의 것들을 하나의 가치관으로 체계화하는 '트리(tree)형' 구조를 부정한다. 다양한 가치관이 양립하는 '리좀(뿌리줄기)' 구조를 토대로 하는 사회를 그렸다.

아리스토텔레스
중용
p.181

인간이 행복하게 살기 위해서는 인간성을 최고로 여기는 '덕'이 없어서는 안 된다. 덕을 얻기 위해서는 적당한 균형 감각을 유지하며 '중(中)'을 지향하는 것이 중요하다.

직장과 학교에서의 인간관계가 어렵다

마음이 맞지 않는데 자주 만나는 상대와
잘 지내기 위해서는?

명랑하고 활발하려면 어떻게 행동해야 하는지 생각한다

날마다 사람들과 관계를 맺으며 생활하다보면 의견이 맞지 않아 힘들거나 기분이 가라앉는 등 도저히 '가까이 지내기 어려운 사람'이 존재한다. 그래도 관계를 유지하는 것에 의무감을 느끼기 때문에 자신도 모르게 상대에게 언행을 맞추지는 않을까?

니체는 『차라투스트라는 이렇게 말했다』에서 '사랑할 수 없다면 그대로 지나쳐라'라고 말한다. 사랑할 수 없는 것에 의무감으로 관계를 유지하는 것은 '양심의 가책'에 불과해 자신에게 불만만 쌓인다. 자신이 항상 명랑하고 활발하려면 어떻게 해야 하는지를 행동의 축으로 삼아야 한다.

동료나 가족처럼 어쩔 수 없이 관계를 유지해야 하는 경우도 있다. 그때는 애정이 싹트도록 상대의 가치관에 관심을 갖고 이해하려 노력하는 것도 한 방법이다. 그래도 어렵다면 심리적으로 거리를 두는 것도 선택지 중 하나다.

'양심의 가책'에 준한 행동이란?

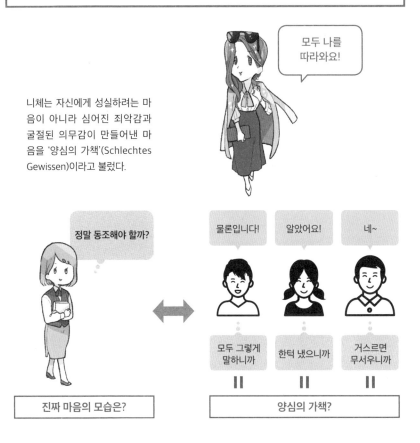

니체는 자신에게 성실하려는 마음이 아니라 심어진 죄악감과 굴절된 의무감이 만들어낸 마음을 '양심의 가책'(Schlechtes Gewissen)이라고 불렀다.

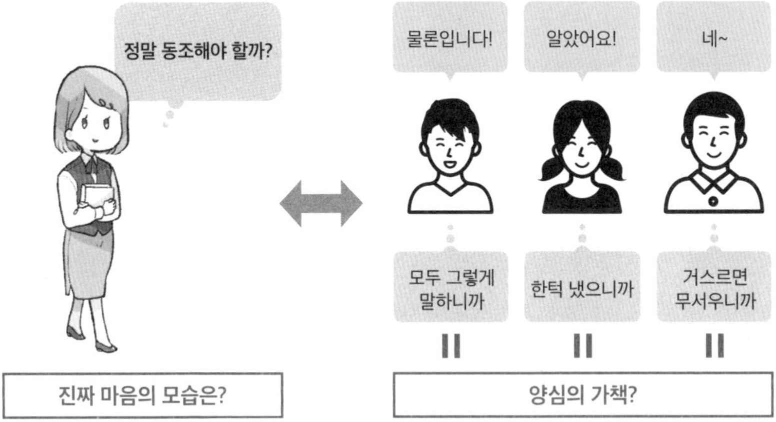

모두 나를 따라와요!

정말 동조해야 할까?

물론입니다!

알았어요!

네~

모두 그렇게 말하니까

한턱 냈으니까

거스르면 무서우니까

진짜 마음의 모습은?

양심의 가책?

철학자가 주는 생각 힌트

니체
초인
p.85

지금 그대로의 자신의 삶을 받아들이며 이상(理想)으로 나아가려는 인간의 모습. 가령, 현실이 고달파도 주변의 누군가에게 질투나 이유 없는 죄악감에 사로잡히지 않는다.

칸트
도덕 법칙
p.57

나이, 성별을 불문하고 모두에게 들어맞는 보편적이고 객관적인 도덕적 규칙. 그 근거를 종교와 문화에서 찾지 않고 자신의 이성으로 음미·판단했다.

서로 험담하는 인간관계에 지쳤다

험담하면 속 시원하면서도 기분이 가라앉아
결국 지치고 마는 것은 왜일까?

험담을 하는 것은 열등감의 표시일 수 있다

'마음에 안 드는' 사람이 있다. 주변 사람 모두 그렇게 생각하기 때문에 어쩌다 당사자가 없는 곳에서는 험담을 하게 된다. 한창 험담할 때는 속이 시원한데, 그 후에는 마음이 더 가라앉는다. 그럴 때 자신이 왜 험담을 했는지 잘 생각해보자. 상대를 공격하는 표면적인 행위 이면에 감춰진 것은 자신에 대한 일종의 열등감이 아닐까?

니체는 그것을 '르상티망(원망)'이라고 했다. '그 인간만 ○○해서…' 하고 상대를 나쁘게 생각하는 마음이다. 골치 아픈 것은, 사회라는 관계 속에서 생활하는 사람에게 '자유롭게 산다' '뭔가 이득을 본다'는 것만으로도 상대가 선망의 대상이 될 수 있다는 것이다. 정의는 사회에 맞춰서 살아가는 자신에게 있고 잘못한 것은 상대라고 생각한다. 험담을 하기 전에 한 번 자신에게 물어보자. "그 '정의'는 르상티망에서 시작된 게 아닐까?"

상대가 '마음에 들지 않는' 이유는?

충실하게 사는 사람에게 질투에 가까운 마음인 '르상티망'을 느끼지는 않을까? 특히 자신의 인생이 생각대로 되지 않을 때 그 경향은 뚜렷해진다.

고학력

부자

이성에게 인기 있다

이상적인 인물

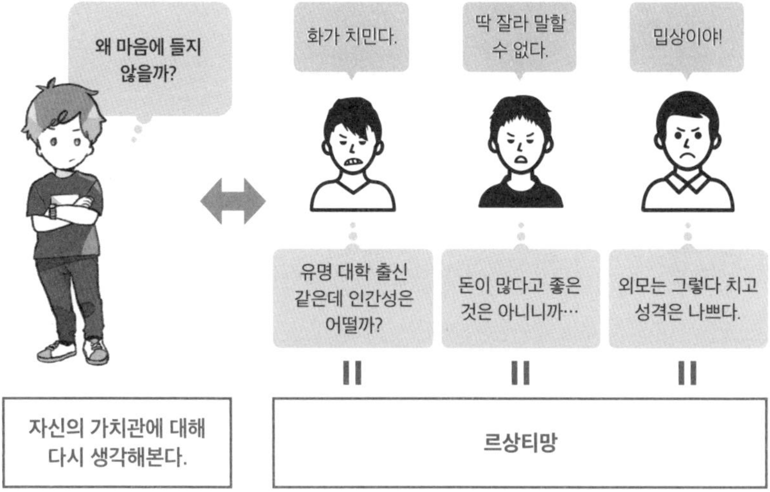

왜 마음에 들지 않을까?

화가 치민다.

딱 잘라 말할 수 없다.

밉상이야!

유명 대학 출신 같은데 인간성은 어떨까?

돈이 많다고 좋은 것은 아니니까…

외모는 그렇다 치고 성격은 나쁘다.

자신의 가치관에 대해 다시 생각해본다.

르상티망

철학자가 주는 생각 힌트

니체
르상티망
p.85

질투심과 원망 등 자신보다 잘난 상대에게 품는 부정적인 감정. 약한 자신을 '선'으로 자기 긍정하는 것은 자연스러운 선악의 가치 기준을 왜곡한다.

키르케고르
절망
p.73

사람은 '지금의 자신'에게 불만을 느껴서 '그랬으면 좋았을걸' 하고 상상하거나 '그렇게 될 수밖에 없게 되어 있다' 하고 포기함으로써 '절망'에 빠진다.

인생의 의문에 철학적으로 마주하다 08

가족인데 왜 이해하지 못하는 걸까?

가장 가까운 존재인 가족과
의견이 맞지 않는 것은 왜일까?

한 인간으로서 서로를 인정하는 것이 중요하다

헤겔은 '가족은 감정으로 맺어진 공동체'라고 했다. 애정으로 맺어진 가족관계는 이해관계로 맺어지는 사회적 관계나 즐거움으로 맺어지는 친구와는 질이 다르다.

자식이 어릴 때는 부모와 감정의 끈으로 연결되어 있다. 그러나 자식이 성장하면 부모로부터 독립해야 하고 부모 역시 자식에게 간섭하지 말아야 한다. 그런데 최근에는 부모와 성장한 자식이 적절한 거리를 유지하기가 어려워졌다. 이유 중 하나가 세대 간 가치관의 불일치다. 자녀 세대에게는 부모 세대가 갖고 있는 '가족도덕'이라는 가치관이 거의 사라졌다. '효도해야 한다' '부모 말에 따라야 한다' '~해야 한다'라는 가치관이 사라지면서 그전까지 봉인되어 있던 부모와 자식 간의 대립이 표면화했다.

예부터 내려오는 도덕관을 지금의 자녀 세대가 납득하기는 어렵다. 부모와 자식이 한 인간으로서 서로를 인정하고 각자의 삶의 방식을 긍정하는 데서부터 시작하는 것이 대립을 해결하는 방법이다.

가족의 대립 문제는 해결할 수 있다?

예부터 내려오는 가족도덕 (가치관)
부모는 소중하게
좋은 대학에 가라
일류 기업에 취직해라
서둘러 결혼해서 아이를 가져라
부모
애정
(이라는 이름의 압박)
납득할 수 없다
자녀
양자가 납득하는 최선책은?

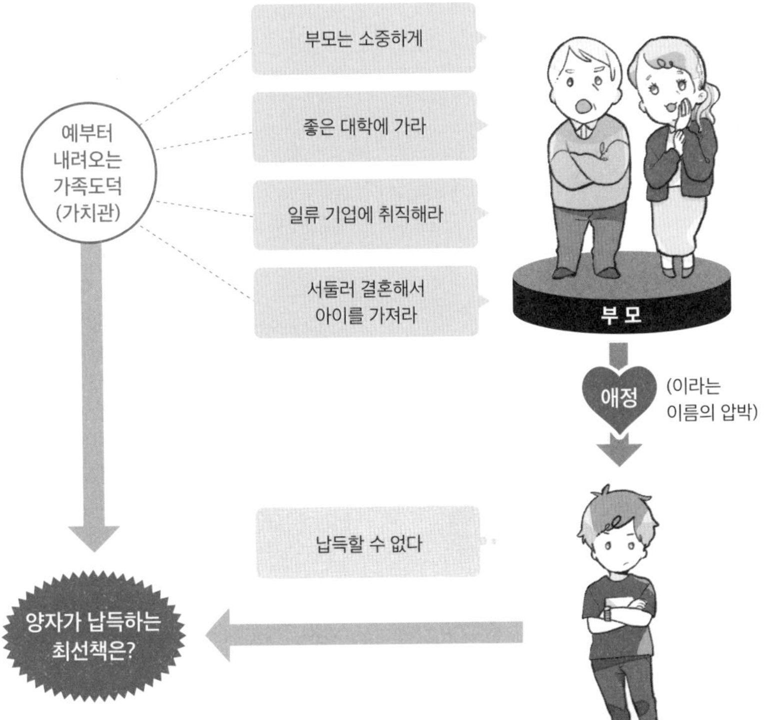

부모가 중시하는 개개인의 주체성이 실현되지 않는 '가족'의 도덕과 자녀가 중시하는 '개인'의 자유를 공존시키기 위해서는 각각의 장점을 살린 새로운 관계성을 찾을 필요가 있다.

철학자가 주는 생각 힌트

프로이트
초자아
p.213

인간의 행동의 대부분을 지배하는 무의식. 그 중에서도 후천적으로 심어진 도덕관념인 '초자아'는 어릴 적에 주어진 부모의 가치관으로부터 형성된다고 한다.

헤겔
변증법
p.61

단편적인 의견의 모순점을 깨닫고 타인의 의견과 조율해 보다 좋은 의견으로 다가가는 사고법. 공동체 전체의 자유도 그 과정에서 차츰 실현된다고 생각했다.

아무리 말해도 서로 이해할 수 없는 사람이 있다

같은 말을 하는데도
'말이 통하지 않는 사람'이 있는 것은 왜일까?

자신의 의도와 상대의 이해방식이 어긋나기 때문일 수 있다

아무리 말해도 대화에 진전이 없는 상대가 있다. 그런 경우는 자신의 말이 상대에게 통하지 않기 때문일 수도 있다. 말의 문제가 아니다. '이해방식' 자체가 서로 다를 수 있다.

비트겐슈타인은 사람들이 상황이나 장소별로 언어 사용법(규칙)에 따라 말을 주고받는 '언어 게임'을 한다고 했다. 또, 데리다는 말하는 사람의 생각과 듣는 사람의 해석이 반드시 일치는 않는다며 '작자의 죽음(The Death of the Author)'이라는 개념을 주장했다. 가령 '지금'이라고 말한 시점에서 이미 '지금'은 지나가버렸다. 자신과 상대가 생각하는 '지금'은 항상 다르다는 것이다.

우리는 언어 게임에 참여하면서 언어의 공통 규칙을 서로 모색한다. 논의가 평행선을 달릴 경우에는 서로 규칙이 다를 가능성이 높다. 이야기를 진전시키고 싶으면 끈기 있게 공통 규칙을 모색하는 수밖에 없다.

언어는 '기호'에 불과하다

이 선글라스
10만 원에 샀어.
싸게 잘 샀지?

진짜 잘 샀네!
공감

원래 그 정도 해.
흥!

역시 부자야!
대단해!

자랑?
재수 없어!

언어의 의미를 받아들이는 방식은 다양하다

상대와의 관계성이나 그 자리의 상황(context)에 따라 같은 말도 다양한 의미를 갖는다.
커뮤니케이션의 대부분은 '암묵적인 양해'로 채워진다.
자신의 의도가 상대에게 전달되지 않는 이유가 여기에 있다.

철학자가 주는 생각 힌트

데리다
작자의 죽음
p.235

언어의 의미는 상황에 따른 해석에 맞춰 변화한다. 말하는 사람의 의도가 듣는 사람에게 고스란히 전달되기는 어렵다. 그래서 언어에 확고한 근거는 존재하지 않는다.

비트겐슈타인
언어 게임
p.217

모든 언어는 생활양식의 일부다. 사람들은 날마다 사용법(규칙)에 따라 의미가 달라지는 '게임'을 하고 있다. 그래서 언어는 하나의 의미로 특정할 수 없다.

'좋은 사람'이 되고 싶은 것은 왜일까?

누구나 가능하면 많은 사람에게 '좋은 사람'으로 보이고 싶다.
왜 그런 마음이 드는 걸까?

모든 사람에게 공통하는 '자신의 존재 가치를 인정받고 싶은' 승인 욕구 때문이다

'좋은 사람'으로 보이고 싶은 것은 왜일까? 자신의 가치를 인정받고 싶은 승인에 대한 욕망은 누구나 갖고 있다. 누구나 '자신의 존재 가치에 의미를 부여'하고 싶어 한다.

반면, 모든 사람에게 인정받는 것은 쉽지 않다. 보다 많은 사람에게 가치를 인정받는 것은 하나의 '경쟁'이기도 하다. 실제로, 자신을 좋아해주는 사람과 그렇지 않은 사람이 있다. 즉, '어떤 사람이 좋아해주기를 바라는지' 혹은 '어떤 형태로 인정받고 싶은지' 확실히 하는 것이 중요하다. 구체적으로 생각하기 어려우면 '인정받지 못하면 왜 괴로운 걸까' 하고 역설적으로 생각해도 된다.

또, 모든 사람에게 사랑받아야 할 필요가 있을까? 물론 가능한 한 많은 사람에게 '좋은 사람이다' '멋지다'는 말을 듣는 것에서 자신의 가치를 찾는 사람도 있다. 그것 역시 진실이다. 그러나 그것만으로 만족할 수 없다면 자신의 속마음을 들여다볼 필요가 있다.

자신이 누구에게 인정받고 싶은지 찾는다

가족
일
친구
연인
SNS
친구에게 칭찬받고 싶어!
선생님한테 칭찬받으면 기분 좋아!
엄마에게 인정받고 싶어.
현재
어린이
유아
갓난아기

누구에게, 어떤 식으로 인정받고 싶을까?

인간의 자기가치 승인에 대한 욕망은 갓난아기 때부터 존재한다. 우선 '엄마에게 인정받고 싶다'는 소박한 감정이다. 이윽고 그 대상은 선생님과 친구들에게로 넓어지고 최종적으로는 사회에서 인정받고 싶어진다. 그러나 사회 전체로부터 인정받기는 상당히 어렵다. 먼저 자신이 어떤 식으로 인정받는 것이 최선인지 생각해보자.

철학자가 주는 생각 힌트

헤겔
상호 승인
p.197

개인의 인격은 사회 속에서 서로를 인정하는 것으로 확립된다. 타인은 자신의 존재를 위협하는 존재인 동시에 자기를 인식하기 위해 불가결한 존재이기도 하다.

플라톤
영혼의 배려
p.33

인간이 보다 선하게 살기 위해서는 어떻게 해야 할까? 세상의 평가 같은 표면적인 것뿐만 아니라 자신의 내면(영혼)을 배려하는 것의 중요성을 호소했다.

'모두와 같이'면 안심하는 것은 왜일까?

주위 사람과 생활방식과 의견이 똑같으면
안심하고 앞으로 나아갈 수 있는 것은 왜일까?

자신의 생활방식에 명확한 가치 기준이 없으면 다수파의 가치관에 의존해 안심한다

사회 전체적으로 어떤 지배적 가치관이 힘을 갖던 시대에는 생활방식의 규범과 선악의 모습도 정해져 있어서 그 틀에서 벗어나지 않는 한 사람들은 안전권에 있을 수 있었다.

그러나 현대에 이르러 강한 가치관이 존재하지 않게 되면서 개인의 생활방식은 매우 자유로워진 동시에 의지할 곳을 잃고 불안정해졌다고 할 수 있다. 의지할 곳이 없으면 '모두 이렇게 말하니까 이렇게 사는 것이 좋지 않을까' 하는 다수파의 가치관에 의존해 안심하는 경우도 있다. 그래서 성공하면 문제없지만 실패한 경우 그대로 마음이 꺾이거나 사회나 주위 탓으로 돌려버리면 괴로울 뿐이다.

중요한 것은 자신의 선택에 납득하는 것이다. 마음속에 나름의 가치 기준(이상)을 세우고 그것을 상황에 따라 유연하게 조정한다. 반복하는 동안 이상과 현실의 간극은 차츰 좁혀질 것이다.

개인으로서 흔들림 없이 살기 위해서는?

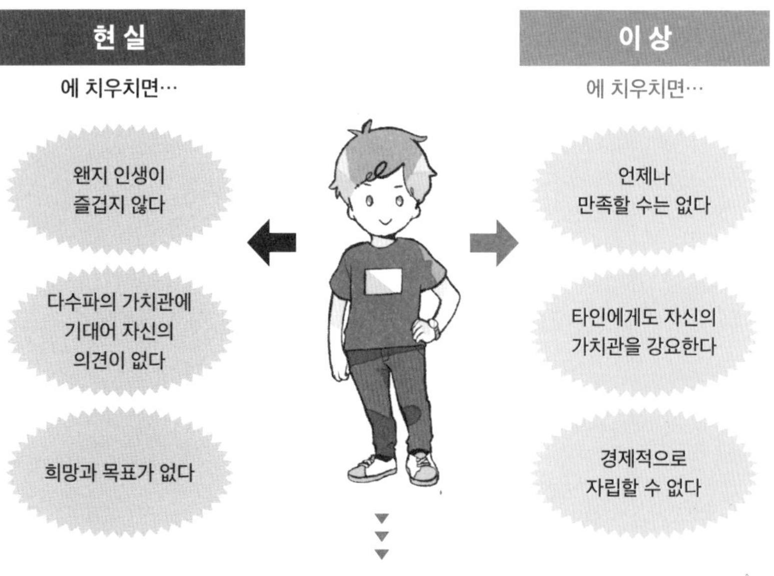
현실
에 치우치면…
왠지 인생이 즐겁지 않다
다수파의 가치관에 기대어 자신의 의견이 없다
희망과 목표가 없다
이상
에 치우치면…
언제나 만족할 수는 없다
타인에게도 자신의 가치관을 강요한다
경제적으로 자립할 수 없다

이상과 현실의 간격을 좁힌다

먼저, 자기 나름의 '되고 싶은 자신'을 상상하자.
그것이 '이상'으로 치우치면 만족과 납득을 얻기는 어렵다.
또, 자신의 가치관을 강요해 타인에게 불쾌감을 주면
개인으로서 살아간다고 할 수 없다.
반대로 '현실'에 치우치면 희망과 목표를 갖지 않게 된다.

철학자가 주는 생각 힌트

사르트르
대자존재(對自存在)
p.221

인간은 항상 자신의 존재에 대해 '선택'하며 살고 있다. 이상적인 미래를 향해 늘 자신의 존재를 뛰어넘으려는 것이 인간 본래의 모습이다.

아리스토텔레스
중용
p.181

인간이 행복하게 살기 위해서는 인간성을 최고로 여기는 '덕'이 없어서는 안 된다. 덕을 얻기 위해서는 적당한 균형 감각을 유지하며 '중(中)'을 지향하는 것이 중요하다.

일에서 의미를 찾을 수 없다

왜 매일 일하는지 의미를 모르겠다. 일하지 않고 지낼 수 있으면 그것이 행복하지 않을까?

'일하는' 환경 속에서 승인에 대한 욕망이 충족되기도 한다

날마다 직장에 가는 것에서 의미를 찾을 수 없다고 생각한 적은 없을까? 그럴 때는 '일하는 것'에 대한 의미를 다시 생각해보자. 물론 생활에 지장이 없는 노동시간(과중 노동이 아님), 노동에 걸맞은 보수, 갑질 등의 힘 관계가 없는 것이 대전제다. 그 경우, '일한다'는 것은 이해관계 속에서 '승인'을 발견하는 것이다. 즉, 직종에 상관없이 일을 해서 보수를 얻음으로써 조직과 상대에게 인정받아 자신이 필요한 존재라는 것을 실감할 수 있지 않을까?

또, '일하는 것'의 이점이 단순히 돈(임금)을 버는 것에만 그치지 않는 경우도 있다. 집안일이나 육아, 봉사는 수입이 발생하지 않지만 다른 사람에게 도움을 주면서 보람을 느껴 자기가치 승인에 대한 욕망을 충족할 수 있다. '일을 하는 것'은 사회적으로 인정받기 위한 하나의 도구다.

행복도가 높은 노동 방식은?

잘했어!

고마워요.

일하는 것으로 승인받는다

사치를 부리는 것만으로는…

일하지 않아도 될 정도의 경제적 여유가 있다

=

승인받을 기회를 잃는다

오늘도 정시에 퇴근 못해!

노동의 부하가 너무 높다

=

승인받는다는 실감이 들지 않는다

적당히 승인에 대한 욕망을 채울 수 있는 생활방식은?

일하는 것으로 자신의 가치를 사회적으로 인정받으면 승인에 대한 욕망이 채워져서 행복도가 높아진다. 반면, 대가에 맞지 않는 노동으로는 그 욕망이 충족되지 않는다. 또, '일하지 않아도 되는' 경우에는 다른 형태로 승인받는 수단을 찾을 필요가 있다.

철학자가 주는 생각 힌트

아렌트
인간의 조건
p.226

인간은 생명을 유지하기 위해 필요한 '노동(labor)' 외에 무언가를 만들어내는 활동인 '작업(work)', 사회 속에서 서로 의견을 소통하는 행위(action), 이 3가지 근본 활동으로 살아간다고 했다.

하이데거
실존
p.218

인간은 자신의 존재에 대해 생각할 수 있는 유일한 존재다. 자신의 존재에 대해 자각적으로 배려하며 존재하는 것이 인간의 주체적인 모습이다.

사는 것에 불안을 느끼는 이유는?

사는 것에 막연한 불안을 느끼는 것은 왜일까?
그 원인은 어디에 있을까?

가치관이 다양하기 때문에 생활방식에 불안을 느낀다

현대는 사회 전체에 공통하는 가치관이 상실된 시대다. 다양한 가치관이 인정됨에 따라 선악의 판단 기준도 모호해져서 '뭐가 정말 좋은지' 알 수 없어 불안하다.

근대에 이르러 '자유로운 존재로서의 인간'이라는 가치관이 생겨난 이후 삶의 의미는 스스로 생각하는 수밖에 없게 되었다. 인간은 '삶의 의미가 정해져 있지 않다'는 불안정함을 받아들이고 각자 목적지를 찾는 수밖에 없다.

하이데거는 유한한 존재인 인간은 언젠가 죽기 때문에 죽음을 외면하지 않고 자기 고유의 삶을 선택할 수 있는 가능성을 갖는다고 말했다. 또, 사르트르는 인간은 본질을 갖지 않은 채 태어나 스스로 본질을 찾는 수밖에 없다('실존은 본질에 앞선다')고 했다.

인생에 정해진 답은 없다. 현실과 타협하면서 자기 고유의 모습을 찾는 수밖에 없는 것이 현대인의 삶의 방식이다.

현대인이 생각하는 '삶의 의미'란?

과거의
가치관
왕이라는 자리는
신으로부터 주어졌다.
죽으면 천국에 간다.
신이 인간을 만들었다.
현대의
가치관
삶의 의미를 모르겠다.
사람은 죽으면
어떻게 될까?
무(無)?
인간은 왜 존재할까?

이전 사회에서는 신이 삶의 지침이었고 자신과 사회적인 입장도 태어나면서 확정되었다.
신의 존재가 부정되고, 자유로운 사회가 실현된 현대에 이르러
스스로 삶의 의미를 찾지 않으면 안 되게 되었다.

철학자가 주는 생각 힌트

하이데거
기투(企投)
p.219

인간에게 '죽음'은 자기 존재의 마지막으로, 최후의 확실한 가능성이다. 죽을 가능성을 자각하기 때문에 본래적인 삶의 방식을 선택(기투)할 수 있다.

니체
영원회귀

모든 순간은 영원히 순환한다는 니체의 독자적인 세계관. 고뇌도 쾌락도 똑같이 무한히 반복되는 가운데 순간의 행복 안에서 삶 전체를 긍정하는 것의 가능성을 제시했다.

자신의 존재 가치를 모르겠다

삶의 의미를 깨닫지 못해 하루하루를 막연히 보내는 사람도 많지 않을까?

유한한 미래를 의식해 '살기 잘했다'고 생각하는 순간을 찾아보자

자신의 존재 가치를 생각할 때 '결국 죽는데 왜 살까' 하는, 삶의 의미에 대한 물음과 마주친다. 하이데거는 인간을 죽음으로 향하는 존재라고 인식했다. 인간은 언젠가 반드시 죽는다. 그러나 죽음을 경험한 인간은 아무도 없다. 그렇기 때문에 모두 죽음을 두려워해 평소에는 그것이 없는 것처럼 눈을 돌린다. 그러나 언젠가 반드시 찾아온다는 의미에서 죽음은 '최후의 가능성'이다.

그러나 아무리 죽음에 대해 생각해도 앞의 물음에 대한 답은 될 수 없다. '인간이 왜 사는지'에 대해서는 과학적으로도 밝혀지지 않았다. 개인이 할 수 있는 것은 유한한 미래를 인식하면서 '살기 잘했다'고 생각할 수 있는 순간을 찾는 것. 사르트르는 바람직한 질서를 목표로 스스로 인생을 개척할 수 있는 '자유로운' 존재로서 인간을 인식했다. 존재 가치를 모르기 때문에 자신이 바라는 형태로 인생을 바꿀 수 있다고 생각한 것이다.

바람직한 사회를 목표로 스스로 인생을 개척한다

성적 소수자

선천적인 성별에
얽매이지 않고 산다.

한 부모

혼자 자녀를 키우며
행복해한다.

독신

여성 혼자
자립해서 산다.

사회에 자신의 가치관을 호소한다

사르트르는 사회를 구성하는 한 사람 한 사람의 행동이 '사회에 대해 책임을 갖는다'는 생각을 갖고 적극적으로 사회활동에 참여(앙가주망, engagement)하는 것을 긍정했다. 개인에게는 생활방식을 선택할 자유가 주어져 있다. 그리고 자유에는 책임이 따른다. 사르트르는 각자의 생활방식을 통해 사회에 자신의 가치관을 호소하는 것이야말로 바람직한 인간의 모습이라고 생각했다.

철학자가 주는 생각 힌트

사르트르
레종 데트르
(raison d'etre, 존재 이유)
p.220

목적(존재 의의)을 전제로 만들어낸 '사물'과 달리 인간에게는 선천적으로 존재 이유가 주어져 있지 않다. 인간은 스스로 삶의 의미를 찾아야 하는 존재다.

하이데거
기투(企投)
p.219

인간에게 '죽음'은 자기 존재의 마지막으로, 최후의 확실한 가능성이다. 죽을 가능성을 자각하기 때문에 본래적인 삶의 방식을 선택(기투)할 수 있다.

삶의 방식에 자신감을 가지려면?

자신의 삶에 자신이 없다.
어떻게 살아야 '자기다운' 것인지 모르겠다…

사회에 다양한 가치관이 존재하는 것을 인정하면 자신다운 삶이 보인다

스스로에게 자신감이 없는 마음 속 어딘가에서 '지금보다 옳은 삶' '더 좋은 삶'을 바라기 때문이 아닐지. 그러나 '옳음' '좋음'이란 무얼까? 개인의 가치관의 대부분은 가족, 학교, 사회 등의 환경 속에서 저절로 습득된 것이다. 한 가지 가치관을 절대화해버리면 다른 가치관이 억제된다. 즉, 유일한 '옳음' '좋음'이 존재하는 것이 아니라 다양한 가치관을 인정하는 속에 그 진리가 있다고 생각해보자.

후설은 '본질 직관(本質直觀)'이라는 방법으로 사물에 대한 고정관념을 일시적으로 제거하고 의식에 주어진 의미를 끄집어냄으로써 사물의 본질을 보려 했다. 자신의 가치관이 절대적이라는 전제를 버리고 사물의 의미에 대해 다시 생각해 '옳음'의 본질에 다가가 보는 것은 어떨까? 자신감을 잃었던 이전의 순간과는 다른 태도로 자신의 인생과 마주할 수 있을지도 모른다.

'옳은 인생'은 존재한다?

인생의 목적③
아이와 같이 있는 시간이 가장 소중하다.

인생의 목적②
취미인 등산으로 인생이 달라졌다!

인생의 목적①
열심히 일해서 성과를 내자!

각자의 가치관으로
인생을 보는 눈은 달라진다

개인의 사고방식에 따라서 다양한 '옳음' '좋음'이 존재한다.
자신이 느끼는 옳음과 타인이 느끼는 옳음이 꼭 일치하는 것은 아니다.
다양한 사고방식에 대한 공통 항목을 찾는 것으로 살기 편한 사회가 실현되지 않을까?

철학자가 주는 생각 힌트

밀
위해 원칙(harm principle)
p.203

만인이 자유롭게 행복을 누리는 상태(최대 행복 상태)에 대해 개인·집단이 위해를 가하려 할 때만 그 자유에 간섭해도 된다는 사회 원리.

후설
본질 직관
p.245

'자신이 어떻게 보이나' '어떻게 느끼나' 하는 개개인의 의식에 주어진 본질을 서로 말함으로써 상호 납득할 수 있는 공통 양해를 얻는 것.

남성이니까 바깥일을 하고 여성이니까 집안일을 한다?

'여자(남자)니까'라는 주위의 말에
의문을 갖는 것은 잘못일까?

일단 기존의 가치관을 '모두 의심'하는 것에서부터 시작해보자

남자니까, 여자니까. 일상에서 대수롭지 않게 사용하는 말에도 일종의 고정관념이 존재한다. 인간이 가치관을 형성하는 과정의 첫 단계로 부모 자식 관계를 들 수 있다. 사람은 어릴 적부터 반복해서 명령받고 금지당하면서 무의식중에 인간으로서 생활하기 위한 규칙을 배운다. 그 과정에서 '남자니까~' '여자니까~' 하는 말을 듣는 경우도 있을 것이다.

학교 등의 공교육에서는 인종, 성별을 초월한 '평등' '자유'의 가치관을 배운다. 그러나 반면 사회에 나오면 꼭 그렇지만은 않은 사고방식이 버젓이 통한다.

데카르트는 '모든 것을 의심'하는 것으로 철학적인 사고 시스템을 구축했다. 모든 가치관을 의심하고 이성을 이용해 다시 한 번 생각한다. 종교와 문화의 차이를 초월해 누구나 받아들일 수 있는 생각이 보편적으로 옳다. 조금이라도 의문을 느끼는 가치관에 대해서는 재고해볼 여지가 있다.

기존의 가치관은 정말 옳을까?

모든 가치관을

의심하다

방법적 회의

전 제

법률에 위반되지 않는다

한 번 정해지면 흔들리지 않는다

개인적인 욕망에 좌우되지 않는다

모든 가능성에 대해 생각해 의심되는 것은 배제함으로써 그 가치관의 타당성을 음미한다.

기존의 가치관을 생각함에 있어 위와 같은 전제를 둔다.

신념 안에 전혀 의심할 수 없는 무언가가 남는다

그것을 자신에게 있어 '옳음'으로 받아들인다

가령 '남성이니까 바깥일을 한다'는 가치관의 근거를 들자면 '체력이 좋아서' '옛날부터 그렇게 정해져 있으니까' 등을 들 수 있다. 그 후 그 근거가 여성에게는 적용되지 않는지 생각해본다. 근거에 모순점이 있으면 그 가치관은 재고할 필요가 있다.

철학자가 주는 생각 힌트

푸코

에피스테메

p.230

푸코의 경우에는 각 시대의 '인지 틀'을 가리킨다. 사람들은 그 틀에 따라 세계를 인식한다. 즉, 보편적인 인식은 성립하지 않는다.

데카르트

방법적 회의

p.45

일부러 모든 사물을 의심해 온갖 가능성에 대해 생각하는 것. 누구나 받아들일 수 있는 보편적인 인식을 만들기 위해 생각해낸 방법이다.

AI는 인간이 될 수 있을까?

가까운 장래에 더욱 친숙한 존재가 될 AI.
언젠가 인간처럼 될 수 있을까?

우선, '인간이란 무엇인가'에 대해 생각해본다

한마디로 AI(인공지능)라고 해도 그것에 대한 정의는 다양하다. 공상과학 영화에서 본 로봇을 상상하는 사람도 많을 것이다. 사실은 현재 과학에서 진짜 AI는 존재하지 않는다고 한다. 세상에 'AI'로 알려진 것은 모두 AI 기술을 끌어 쓴 것에 지나지 않는다. 그리고 장래에 AI가 현실화될지 어떨지 다양한 논의가 이루어지고 있지만 확정된 것은 없다.

여기서는 아직 실현되지 않은 미래에 대해서가 아니라 우선 '인간이라는 존재'에 대해 생각해보려 한다. 인간의 조건으로 들 수 있는 대표적인 것은 '불안'과 '욕망'이다. 인간은 지구상에 사는 생명체 가운데 유일하게 장래의 죽음을 자각하고 그것에 불안을 느낀다. 한편으로는 죽음이 미지의 대상이기 때문에 희망을 품고 미래를 '알고 싶어 하는' 욕망을 갖는다. 삶에서의 불안, 그리고 욕망을 AI에 입력할 수 있을까? 또, 그것에 의미가 있을까? 그것이 AI가 인간이 될 수 있을까, 또는 되어야 하는가 하는 분기점이라고 할 수 있다.

인간의 조건이란?

장래에 대한 불안

'왜 태어났을까' '왜 죽을까' 등 생명에 대한 근원적인 물음을 갖는다.

무언가를 계속 추구하는 욕망

'모르는 것' '감춰진 것'을 알려고 하는 끝없는 욕망을 갖는다.

학습능력

배운 것을 기억하고 그 기억을 쌓아가는 것으로 학습한다.

학습한 것을 실행하는 능력

배운 대로 실제 행동에 옮긴다. 많은 것을 깊이 있게 학습하면 상황에 따라 행동을 바꿀 수도 있다.

AI는 장래에 인간이 될 수 있을까?

학습능력과 실행능력에 대해서는 인간이 당할 수 없는 힘을 발휘하는 AI.
그러나 한편으로는 '불안'과 '욕망'을 갖지 않는 존재를 '인간'으로 정의하기는 어렵지 않을까?
앞으로의 기술 혁신이 어떤 답을 낼지 기대된다.

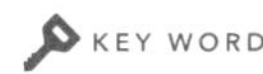

KEY WORD

튜링 테스트
(Turing test)

수학자 앨런 튜링(Alan Turing)이 고안한, 컴퓨터가 지능을 갖는지를 판정하는 테스트. 한 방에 인간 그리고 다른 방에 인간을 모방하는 컴퓨터를 두고 통신선을 통해 각 방에 질문을 해서 어느 쪽이 인간이고 어느 쪽이 컴퓨터인지 판단하는 실험이다.

철학자가 주는 생각 힌트

처칠랜드
심리철학
p.238

인간의 마음과 물리적인 것(뇌에서의 신호·자극 등)과의 관계성을 연구한다. 세상의 모든 현상은 물리적으로 설명할 수 있다는 '물리주의'의 사고방식에 바탕을 둔다.

존 R. 설
사고실험 「중국어 방」
p.236

중국어를 모르는 영국인도 영어로 쓰인 매뉴얼대로 따라하면 중국어 질문에 대답할 수 있다. 그러나 영국인은 중국어를 이해한 것은 아니라고 주장했다.

AI가 정의를 판단할 수 있을까?

높은 지능을 가진 AI.
그렇다면 선악의 판단을 맡기는 것도 가능할까?

'정의를 판단할 수 있다'고 말하기는 어렵지만 재판에 사용할 수는 있을 것 같다

현재의 재판제도에서는 많은 재판이 과거의 판례를 참고한다. 즉, AI에 과거의 판례를 입력해 유죄·무죄 판단에서 통계적인 우위성을 내는 것은 어렵지 않을지도 모른다. 그러나 그렇다고 해서 'AI가 정의를 판단할 수 있다'고는 하기 어렵다. 왜냐하면 판례는 과거의 인간이 판단한 결과의 집적에 불과하고, 그 판단 기준은 어디까지나 과거의 인간에 있기 때문이다.

그 점을 의식하고 AI를 재판제도에 사용하는 것에 대해서 생각해보자. 우선, AI가 답을 낼 시스템을 규범화해야 한다. 판단에 이르는 과정을 해명, 재현하지 못하면 안 되고, 누구나 AI의 과정을 명확히 추가 시험할 수 있어야 한다. 그리고 물론, 합의가 이루어지지 않은 단계에서 사용을 중지할 수 있는 시스템도 필요하다. 이것은 근대사회를 형성하는 과정에서 홉스, 루소, 로크 등의 근대 철학자들이 생각한 권력의 모습과도 공통한다.

AI가 개인의 미래를 결정한다?

사람들의 합의로 공공의 권력을 위임받은 AI. 사회계약설(아래쪽)에서의 권력의 모습과 대조해보면 폭주를 막을 규칙도 필요하다.

전제①

AI의 결정에 따른다는 양해

AI의 답이 어떤 것이든 우선은 받아들인다는 합의를 한다.

전제②

과거의 판례를 집적한다

과거의 인간이 내린 판례를 입력해 인간에 가까운 판단력을 부여한다.

제시된 사례에 대해서 통계적인 우위를 보인다.

과거 데이터의 집적을 토대로 새로운 사례에 대해 유죄·무죄의 통계적인 우위를 나타낸다. 그 과정은 누구나 검증할 수 있도록 개시되어야 한다.

시대에 맞게 업데이트가 가능할까?

과거 데이터에 없는 사례의 경우는?

새롭게 나타난 사례나 시대에 따라 바뀐 가치관에 어떻게 대응할까? 시대의 변화를 읽는 감도를 가질 수 있는가 하는 문제가 생긴다.

철학자가 주는 생각 힌트

로크
사회계약설
p.246

사회질서를 유지하기 위해 사회 구성원이 정부에 권리를 맡긴다. 양도가 아니므로 정부가 목적을 달성하지 않으면 즉시 구성원의 손으로 다시 만들 수 있다.

홉스
사회계약설
p.189

사회 구성원이 합의를 토대로 자신의 권리를 공공의 권력에 위임함으로써 사회질서가 유지된다는 사고방식.

AI와 친구가 될 수 있을까?

이미 AI와 짧게 대화하는 정도는 이루어지고 있다.
진짜 친구가 될 수 있는 날도 멀지 않았을까?

'즐겁다' '자유' '배려하는 조언을 해준다' 친구관계의 본질을 생각해본다

'친구'에도 여러 부류가 존재한다. 학교나 직장에서의 친구, 공통의 취미를 갖는 친구, 고민을 상담할 수 있는 친구…. 그 친구들의 공통점을 몇 가지 들어보자. '같이 있어서 즐겁다' '이해관계가 없는 자유로운 교류' '배려하는 조언을 해준다' 등. 이런 점을 충족시켜주는 관계를 우리는 '친구'라고 부른다.

여기서 문제가 되는 것이 AI가 자발적으로 이러한 감정을 갖는가 하는 것이다. 그 감정이 없으면 AI를 친구라고 부르기는 어렵다. 단, 반면 인간의 친구에 대해서도 다시 생각해보자. 과연 인간인 친구라 해도 앞서 언급한 조건을 충족한다고 할 수 있을까? 원만한 관계를 유지하기 위해 본심이 아닌 조언을 하거나 자유롭다고 할 수 없는 인간관계에 얽매이는 사람도 많지 않을까? 'AI와 친구가 될 수 있을까' 하는 물음은 인간 사이의 관계성을 확인해보는 계기도 될 것이다.

'진짜 친구'란 무엇일까?

생각할 수 있는 친구의 조건

- 같이 있으면 즐겁다
- 자유롭게 사귈 수 있다
- 배려하는 조언을 해준다

회사를 그만두고 뮤지션이 되려고 해.

통계적으로 봐서 그 꿈이 실현될 가능성은 65%입니다!

좋아요!

AI 친구

인간 친구

당신의 음악적 취향에 맞는 악기를 추천합니다!

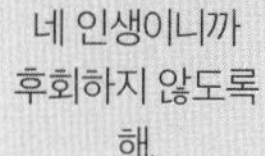

네 인생이니까 후회하지 않도록 해.

꿈을 좇는 것은 나쁘지 않아.

돈이 되지 않으니까 그만둬!

AI에게 자발적인 의지가 없어도 친구라고 부를 수 있을까?

AI의 기술이 발전하면 인간의 표정과 말을 토대로 표면적으로는 상대가 원하는 대응을 하는 것도 가능하다. 분위기를 읽어주는 '친구'와 AI가 거의 다르지 않게 되었을 때 AI는 친구라고 부를 수 있을까?

철학자가 주는 생각 힌트

비트겐슈타인
언어 게임
p.217

모든 언어는 생활양식의 일부다. 사람들은 매일 사용법(규칙)에 맞게 의미가 달라지는 '게임'을 하고 있다. 그래서 언어는 하나의 의미로 특정할 수 없다.

제임스
프래그머티즘
(도구적 진리관)
p.210

진리는 보편적이지 않고 상황이나 목적에 따라서 규정되는 것이라고 인식했다. 가령 AI여도 '친구'로 느낄 수 있다면 그것은 진실일지도 모른다.

'AI'는 인간이 될 수 있을까? 철학적 시점에서 AI를 생각하다

인공지능을 생각할 때 피할 수 없는 것이 '인간이란 무엇인가' 하는 근원적인 문제다. p.154~159에서는 다양한 접근으로 이 문제를 생각해보았다. 그럼 현실의 'AI'는 구체적으로 무엇이 가능할까?

AI가 할 수 없는 것

애매모호한 정보 처리

'가슴이 두근거린다' '머리가 멍하다'와 같이 애매모호한 말은 이해하지 못할 가능성이 높다. '대박'처럼 상황에 따라서 여러 의미를 갖는 말을 사용하면 대화가 이루어지기 어렵다.

진짜로 감정 이해하기

인간의 표정으로 감정을 읽어 기뻐하는 것 같으면 기뻐하고, 상대해주지 않으면 토라지는 것처럼 보일 수는 있다. 그러나 진짜 감정을 가진 것은 아니다.

AI가 활약하는 분야의 예

자동차 내비게이션

목적지까지 최단 경로를 검색한다. 교통 혼잡 예측 기능에서는 과거의 방대한 교통 정보에 요일과 시각 등의 조건을 더해서 최적의 경로를 검색해준다.

콜 센터

과거의 문의 내용을 AI에 입력해 매뉴얼화한다. 콜 센터 직원이 다양한 질문의 내용에 정확히 응답할 수 있도록 도와준다.

얼굴 인증

AI는 사람의 얼굴을 구분할 때 눈, 코, 입의 위치, 골격 등의 정보로 그 사람의 얼굴을 인식한다. 복장과 헤어스타일을 바꾸거나 안경과 마스크를 착용해 인상을 바꿔도 인식할 수 있는 확률은 높다.

체스 등의 게임

체스나 바둑, 장기 등에서는 그 분야의 프로들을 물리치고 승리를 거듭하고 있다. AI는 방대한 과거의 대전 자료를 읽어서, 체스의 경우 1초 동안 2억 국면을 앞서 읽는다고 한다.

의료

의사가 실제로 진단한 적이 있는 병의 사례에는 한계가 있다. 그 점에서 AI는 과거의 방대한 사례를 읽고 그것을 토대로 판단할 수 있다. 2016년에는 인공지능 '왓슨'이 환자의 특수한 백혈병을 바로 알아채서 화제가 되었다.

앞으로의 AI

현재의 AI는 음성인식 기술과 화상처리 기술, 즉 'AI 기술'의 총칭에 불과하다. 인간의 능력과 성질을 그대로 갖춘 AI가 나타날지, 과연 그런 AI가 필요한가 하는 문제는 앞으로 논의되어야 할 것이다.

제3장

고대부터 초현대까지

꼭 알아야 할 철학자 33인

'철학'과 친해졌으면 철학사에 대해서도 알아보자.
철학자의 생각은 역사적인 배경 없이 언급할 수 없다.
철학자의 사고(思考)의 배경을 아는 것으로 지식은 더욱 깊어진다.

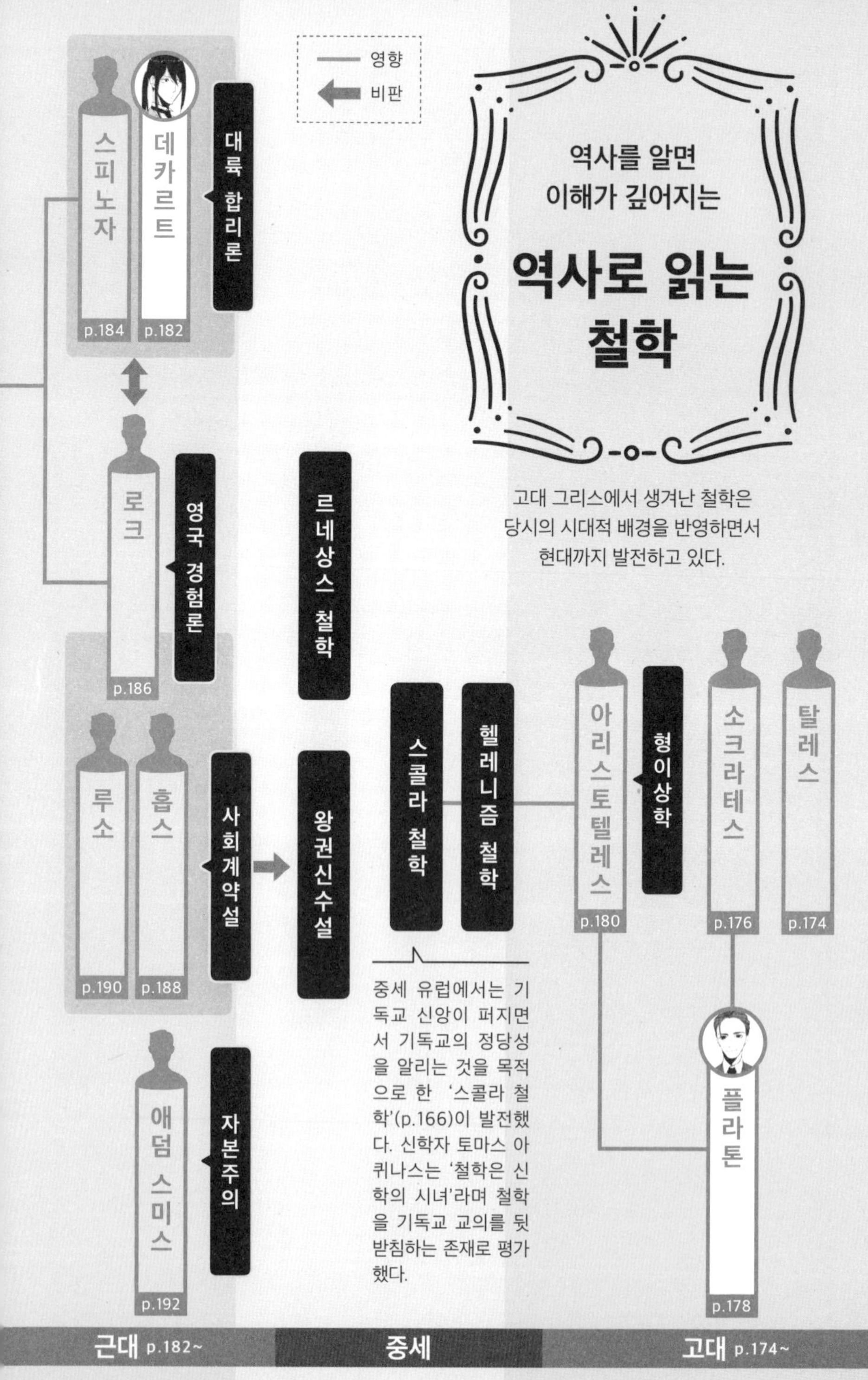

역사를 알면
이해가 깊어지는
역사로 읽는
철학
영향
비판
고대 그리스에서 생겨난 철학은
당시의 시대적 배경을 반영하면서
현대까지 발전하고 있다.
탈레스
p.174
소크라테스
p.176
플라톤
p.178
아리스토텔레스
p.180
형이상학
헬레니즘 철학
스콜라 철학
중세 유럽에서는 기독교 신앙이 퍼지면서 기독교의 정당성을 알리는 것을 목적으로 한 '스콜라 철학'(p.166)이 발전했다. 신학자 토마스 아퀴나스는 '철학은 신학의 시녀'라며 철학을 기독교 교의를 뒷받침하는 존재로 평가했다.
르네상스 철학
왕권신수설
데카르트
p.182
스피노자
p.184
대륙 합리론
로크
p.186
영국 경험론
홉스
p.188
루소
p.190
사회계약설
애덤 스미스
p.192
자본주의
근대 p.182~
중세
고대 p.174~

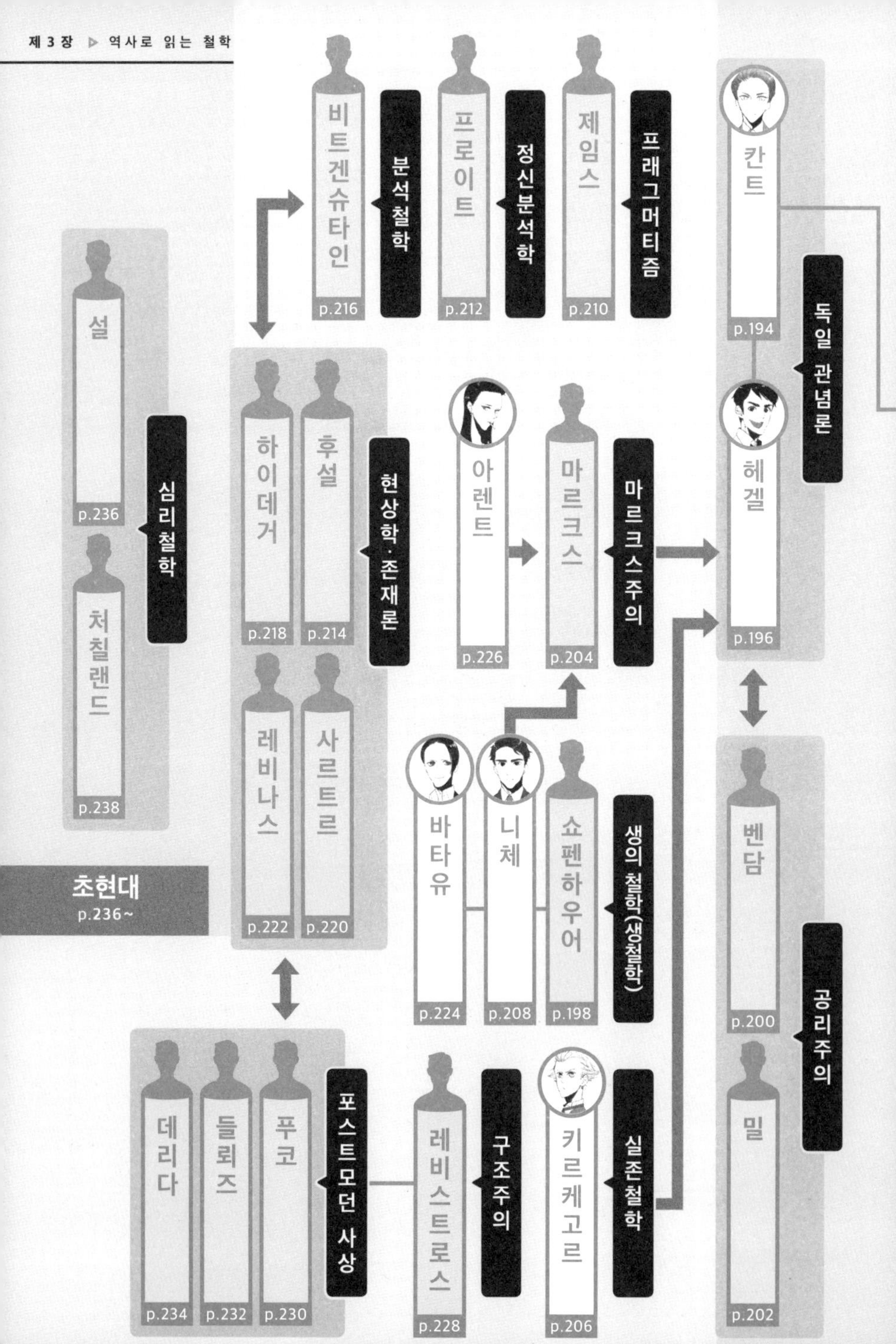

비트겐슈타인 p.216
분석철학
프로이트 p.212
정신분석학
제임스 p.210
프래그머티즘
칸트 p.194
헤겔 p.196
독일 관념론
설 p.236
처칠랜드 p.238
심리철학
하이데거 p.218
후설 p.214
레비나스 p.222
사르트르 p.220
현상학 · 존재론
아렌트 p.226
마르크스 p.204
마르크스주의
바타유 p.224
니체 p.208
쇼펜하우어 p.198
생의 철학(생철학)
벤담 p.200
밀 p.202
공리주의
초현대 p.236~
데리다 p.234
들뢰즈 p.232
푸코 p.230
포스트모던 사상
레비스트로스 p.228
구조주의
키르케고르 p.206
실존철학
현대 p.204~

철학의 탄생

배 경

그리스 사회를 중심으로 서양철학이 탄생, 발전한다.

신화적 가치관의 붕괴로 그리스 문화에서 철학이 발전한다

'철학의 시조'로 불리는 탈레스는 B.C.6세기경, 그리스의 식민 도시 밀레투스에서 활약했다. 밀레투스는 이집트와 메소포타미아 등 타국과의 교류도 활발한 국제 무역도시였다. 탈레스는 그곳에서 그리스 신화의 세계관이 만국 공통이 아님을 깨닫고 신화를 대신할 개념으로서의 '아르케'(만물의 근원)를 '물'에서 찾았다. 그렇게 세계의 근본 원리를 탐구하는 학문으로서 '철학'이 탄생한다. 탈레스의 사상은 제자들에게 비판적으로 수용, 전개된다. 이때, 선인(先人)의 생각을 진화시켜 보다 좋은 생각으로 발전시키는 철학의 기본 활동이 시작되었다.

자연학으로도 불리는 이들 철학을 한 단계 더 발전시킨 것이 플라톤이다. 당시 그리스에서는 도시국가(폴리스)가 발달, 공동체를 지키기 위해 인간의 삶의 방식이 문제가 되었다. 플라톤은 스승 소크라테스의 사상을 계승해 선(善)과 미(美)라는 '선하게 살기 위한' 가치를 탐구했다. 이것들은 이후 철학의 보편적 주제로 계승된다.

주요 철학 사상 플라톤 철학, 아리스토텔레스 철학(형이상학)

이 시대의 주요 철학자들

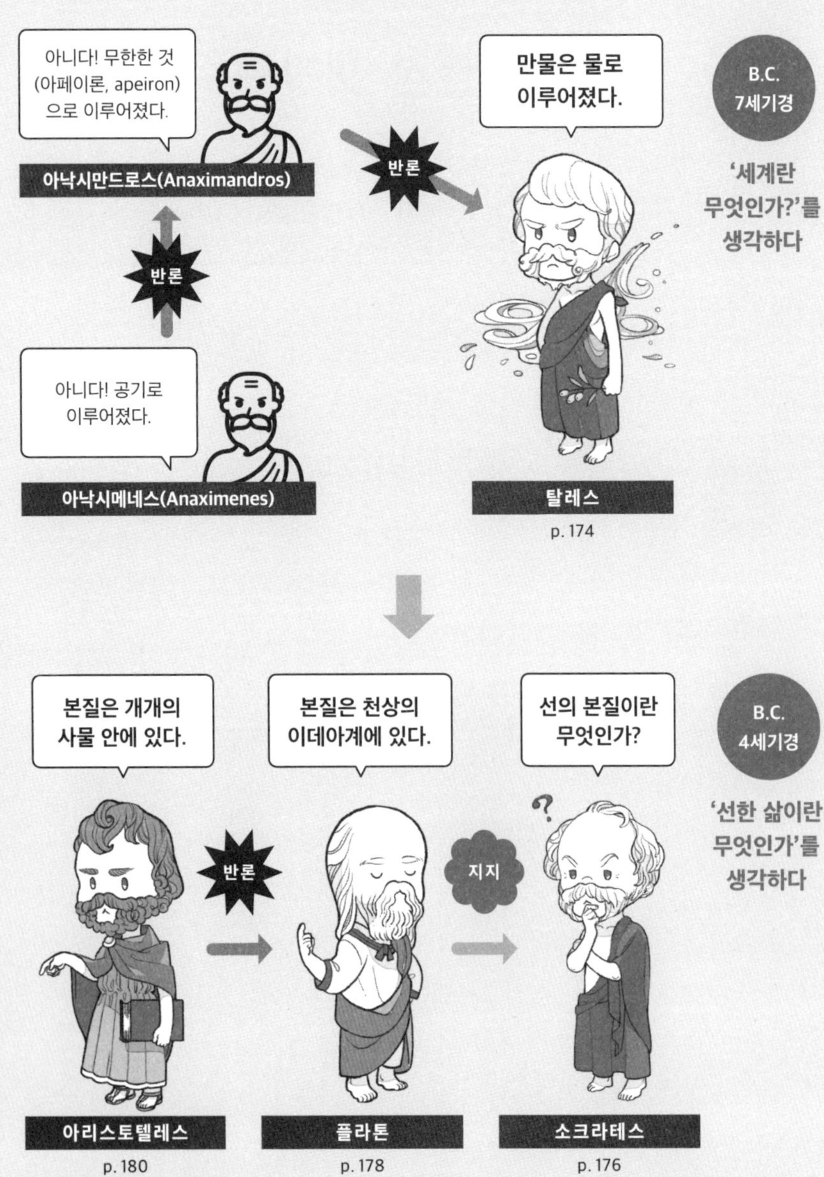

아니다! 무한한 것 (아페이론, apeiron) 으로 이루어졌다.
아낙시만드로스(Anaximandros)
반론
만물은 물로 이루어졌다.
B.C. 7세기경
'세계란 무엇인가?'를 생각하다
반론
아니다! 공기로 이루어졌다.
아낙시메네스(Anaximenes)
탈레스
p. 174
본질은 개개의 사물 안에 있다.
본질은 천상의 이데아계에 있다.
선의 본질이란 무엇인가?
B.C. 4세기경
'선한 삶이란 무엇인가'를 생각하다
반론
지지
아리스토텔레스
p. 180
플라톤
p. 178
소크라테스
p. 176

소크라테스 이전의 철학자는 '자연이란 무엇으로 이루어졌는가'에 대해 생각했다. 소크라테스와 플라톤의 시대에는 '선한 삶이란 무엇인가'란 주제로 철학 사상이 크게 전개된다.

합리적으로 생각하다

배 경

기독교 철학(스콜라 철학)의 발전. 그러나 차츰 교양과의 모순이 커진다.

자연과학의 발전과 함께 새로운 철학의 조류가 생겨난다

중세 유럽에서는 기독교가 크게 발전했다. 철학은 기독교의 신학을 보완하는 학문으로 자리매김하였고 '스콜라 철학'으로 보급되었다.※ 신의 피조물인 인간의 지성만으로는 진리에 도달할 수 없고 신의 '은혜'에 의해서만 가능하다고 했다.

그러나 17세기 들어 기독교의 부패가 계기가 되어 일어난 종교 전쟁과 르네상스기를 거치면서 수학·자연과학이 발전해 신의 존재의 절대성이 차츰 흔들리기 시작한다.

'근대 철학의 아버지'로 불리는 데카르트는 '이성으로 생각하면 누구나 받아들일 수 있는 지점에서부터 철학을 발전시켜야 한다'는 생각을 철학사상 최초로 명확히 주장한 철학자다. 신학 이론을 근본적으로 음미하고 비판하여 인간은 이성에 의해 무엇이 '참(眞)인지 알 수 있다고 생각했다. 이 생각은 '대륙 합리론'으로 불리며 '인간은 자신이 해야 할 것을 알 수 있다'는 근대적 가치관의 기초로 작용하게 된다.

※아리스토텔레스 이후의 그리스 철학은 유럽에서는 한 차례 쇠퇴하는데, 이슬람권으로 건너가 독자적인 진화를 이루었다. 그것이 11세기부터 시작된 십자군 원정으로 이슬람 문화와 함께 유럽으로 역수입되어 스콜라 철학을 발전시켰다.

주요 철학 사상 스콜라 철학, 대륙 합리론

이 시대의 주요 철학자들

스피노자

p.184

수학적인 '정리' '공리' 등의 증명 방법을 이용해 세계를 설명하려고 시도했다. 절대적 존재인 신을 자연과 동일시하는 것으로 '증명'했는데 교회로부터 이단 취급당했다.

데카르트

p.182

모든 가치관을 이성을 이용해 근본부터 의심함으로써 기존의 가치관이 뒷받침된 학문 체계 전체를 근본부터 다시 세우려는 시도. 모든 인간이 실천할 수 있는 방법이라는 것이 포인트다.

중세의 기독교 철학이란?

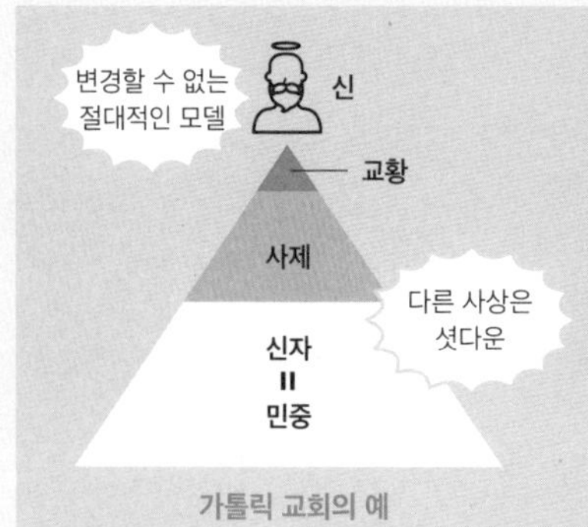

가톨릭 교회의 예

신의 가르침이 유일한 정답

종교 논리는 피라미드 형태의 가치관으로 유지된다. 예를 들어 로마 가톨릭의 경우, 세계의 창조주인 신 아래에 민중을 이끄는 교황이 위치해 톱다운 방식으로 신의 가르침을 전파하기 때문에 거기에 이견을 주장할 수 없다. 스콜라 철학도 '철학은 신학의 시녀(예속하는 것)'로서 신의 가르침인 신학을 가장 중시했다.

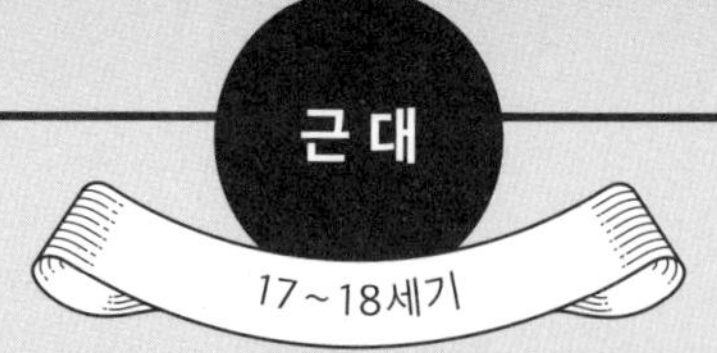

시민 사회의 탄생

배경

논리와 이성에 따라 새로운 사회를 만들려는 움직임이 확산한다.

사회혁명의 시대가 도래하면서 민중이 주역인 시대로

중세의 기독교적 가치관이 흔들리면서 '인간은 신의 피조물'이라는 생각이 무너지고 '인간은 하나의 존재로서 평등하다'는 개념이 생겨난다. 세계의 질서와 선악의 규칙에 대해서도 신이 정하는 것이 아니라 인간이 이성으로 생각하면 도달할 수 있다고 여기게 되었다.

남보다 빨리 '평등'에 대해 생각한 사람이 홉스다. 홉스는 신이 없는 세계에서는 서로 불안과 불신을 품는 인간들 간의 대립이 일어난다고 생각했다. 그래서 사람들이 합의하여 공공의 권력을 확립하는 것이 새로운 사회를 만드는 데 꼭 필요하다고 여겼다.

또, '도덕'에 대한 사고방식을 한 단계 발전시킨 사람이 칸트다. 칸트는 인간은 신에 의존하지 않고 자신의 이성으로 선악을 판단할 수 있다고 했다. 헤겔은 이 생각을 재검토하여 각자의 자유를 상호 인정하는 것이 자유로운 사회를 실현하기 위한 근본 원리라고 생각했다.

주요 철학 사상 사회계약설, 독일 관념론

이 시대의 주요 철학자들

사회계약설

절대왕정은
옳다.
왕
지지
신의 법을
무시하는 건가?
교회
반론
만인에 대한
만인의 투쟁

홉스

p. 188

17세기 전반

자연 상태에서의 사회는 서로 싸우는 상태다. 그래서 사람들은 합의하여 스스로의 권리를 개인 혹은 의회에 양도해 공공권력을 확립할 필요가 있다고 했다.

발 전

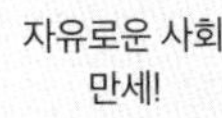
자유로운 사회
만세!

민중

만인이 평등하고
자유롭게 살 수 있는
원리가 있을 것이다.

루소

p. 190

18세기 전반

사회계약에 따라 통치자를 고르는 선거제 등을 구상. 모든 사람이 평등하고 자유롭게 살 수 있는 사회의 원리를 탐구했다.

독일 관념론

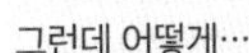
그런데 어떻게…?

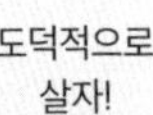
도덕적으로
살자!

민중

이성에 따라
도덕적인
행동을 하자.

칸트

p. 194

18세기 후반

인간은 자신의 이성으로 '선'을 판단하고 그것에 따라 행동할 수 있어야 한다. 그러므로 근대에서의 선의 새로운 기준이 마련되어야 한다고 생각했다.

발 전

모두 각자의 선을 선택하는
자유 조건이 있을 것이다.

민중

이성적인 것은
현실적이고
현실적인 것은
이성적이다.

헤겔

p. 196

19세기 전반

'자유'는 역사 안에서 관계(사회적)로 실현된다고 생각한다. 저서 『정신현상학』에서는 자유가 전개되는 과정의 최종 단계는 각자가 갖는 양심※ 간의 공통 양해 상태라고 말했다.

※각자의 확신에 따르는 '선'을 이루는 것.

'삶'에 대해 생각하다

배경

과학의 발전과 함께 신의 존재가 매우 모호해지면서 기존의 가치관이 붕괴했다.

기독교의 가치관이 상실되고 '존재'와 '의식'에 대한 분석이 발달한다

19세기가 되자 산업혁명의 발전과 그에 따른 사회 변혁으로 인해 전통적 가치관이 붕괴한다. 또, 근대 철학이 그린 이상적인 사회는 다양한 모순에 직면하고 자본주의 경제가 만들어낸 거대한 격차에 사람들은 농락당한다. 새로운 기로에 놓인 사람들은 자신의 삶의 방식을 스스로 결정하는 상황에 직면하게 되었다. 이러한 상황에서 근대 철학 사상을 의심하며 '삶'과 마주하는 새로운 철학의 흐름이 생겨났다.

키르케고르는 '그 누구도 아닌 나'에 대해 처음으로 조명한 철학자다. 보편적 진리를 다루었던 이전의 철학과는 확실히 구별되는 '자신에게 있어서의 진리'를 탐구했다. 니체는 기존의 가치 기준, 특히 기독교에서의 선악의 모습을 비판했다. 프로이트도 '무의식'의 발견으로 철학에서 중시되었던 '이성'의 개념을 다시 문제 삼아야 할 대상으로 여겼다.

주요 철학 사상 생의 철학, 실존철학, 프래그머티즘, 정신분석학, 현상학, 분석철학

이 시대의 주요 철학자들

19세기 후반

생의 철학

신은 죽었다!

니체

p. 208

기독교의 도덕을 '노예 도덕'이라 부르며 그 선악의 가치관이 '르상티망(질투)'의 감정에서 만들어진 것이라고 비판한다.

19세기 전반

실존철학

나에게 있어
진리인 진리

키르케고르

p. 206

자신만의 주체적인 진리를 탐구했다. 일반적인 가치관에 얽매이지 않고 신 앞에서 '단독자'로 살아가는 것에 가치를 발견했다.

20세기 전반

정신분석학

인간의 행동은
무의식에
지배된다.

프로이트

p. 212

의식은 그 배후에 있는 무의식에 의해 규정된다며 그전까지의 철학을 비판했다.

19세기 후반

프래그머티즘

실제로 도움이
되는지, 아닌지가
중요하다.

제임스

p. 210

진리의 기준은 주관과 객관의 일치가 아니다. 그 개념이 '작용'하는가, 아닌가에 있다.

20세기 전반

분석철학

말할 수 없는 것에
대해서는 침묵해야
한다.

비트겐슈타인

p. 216

언어와 세계는 대응관계에 있다. 그전까지의 철학은 세계에 대응하는 것이 없는 무의미한 '수다'에 불과하다고 했다.

20세기 전반

현상학

판단을
일시 정지하고
감각을 분석한다.

후설

p. 214

의식에 나타나는 사상(事象)으로부터 사물의 본질(의미)을 통찰하는 학문으로 현상학을 창시했다.

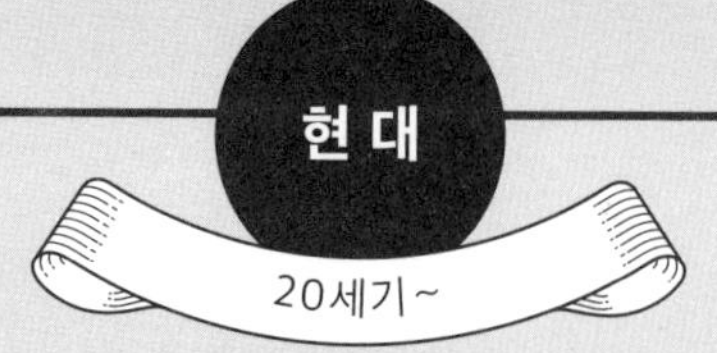

다양화하는 가치관

배 경

두 차례의 세계대전이 끝난 후 다양한 개념이 탄생하고 그것이 받아들여진다.

서양철학의 사상을 흔드는 '구조주의'를 시작으로 다양한 철학적 개념이 탄생한다

20세기에는 제1차 세계대전과 제2차 세계대전이라는 전쟁이 철학 사상에도 큰 영향을 주었다. 근대 사회는 '자유'와 '평화'라는 한결같은 이상을 향해 걸어왔는데, 전체주의와 사회주의에 의해 위기에 직면한다. 철학자들은 그 사회를 어떻게 다시 세워야 할지 생각했다.

전후, 프랑스의 사르트르를 시작으로 하는 실존주의가 일세를 풍미했다. 사르트르는 인간에게는 역경 속에서도 삶을 개척해 나가는 힘이 있다며 사회 참여를 통해 인간 본래의 자유가 실현된다고 했다. 그 흐름에 파문을 일으킨 사람이 인류학자 레비스트로스다. 그는 미개(未開) 사회가 갖는 엄밀한 구조성에 주목해, 모든 사회는 감춰진 구조 위에 성립한다고 지적했다. 그가 주장한 구조주의는 인간의 주체성을 중시하는 실존주의 사상을 흔들어서 보편성과 진리의 '해체'를 주장하는 포스트모던 사상이 탄생하는 계기가 되었다.

주요 철학 사상 실존주의, 구조주의, 포스트모던 사상

이 시대의 주요 철학자들

의식의 주체성 아래 무의식의 질서가 존재한다.
인간은 스스로 존재 이유를 발견하지 않으면 안 된다.
인간은 자기 존재에 대해 생각할 수 있는 유일한 존재다.
구조주의
20세기~
반론
실존주의
지지
레비스트로스
p. 228
사르트르
p. 220
하이데거
p. 218

하이데거가 형성한 실존론을 사르트르가 인간을 주체적으로 인식하는 실존철학으로 전개시켰다. 레비스트로스의 구조주의는 그것을 철저히 부정했다.

포스트모던 사상

'진리'를 비판, 해체한다(탈구축).
있는 것은 단지 '차이'뿐이다.
각각의 시대에 에피스테메(인지 틀)가 존재한다.
데리다
p. 234
들뢰즈
p. 232
푸코
p. 230

포스트모던 사상은 전체주의의 배후에는 근대 철학이 있다고 생각했다. '진리'를 중시한 나머지 다수가 소수를 억압해 다양성이 억압되었다고 주장한다.

Thales

탈레스

B.C.624? ~ B.C.546? / 그리스 / 자연철학

기록에 남아 있는 범위에서 최초의 철학자. '철학의 시조'로 불린다. 그리스의 식민지 밀레투스에서 태어나 만물의 근원(아르케)을 탐구했다.

주요 저서

특별히 없음

※ 후에 아리스토텔레스가 전문(轉聞)을 정리했다.

만물은 물로 이루어졌다.

만물의 근원을 물에서 찾았다. 물은 액체·기체·고체로 될 수 있기 때문에 그것이 변질하여 만물을 만들어냈다고 생각했다.

KEYWORD

자연철학

신화적 생각에 합리적인 사고를 도입했다

고대 그리스에서는 신화적 생각을 토대로 모든 사물은 신의 힘에 의해 만들어진 것이라고 생각했다. 그러나 탈레스는 눈에 보이는 것들 중에서 근원(아르케)을 찾아 이성으로 설명하려 했다.

우주의 기초가 되는 물질은?

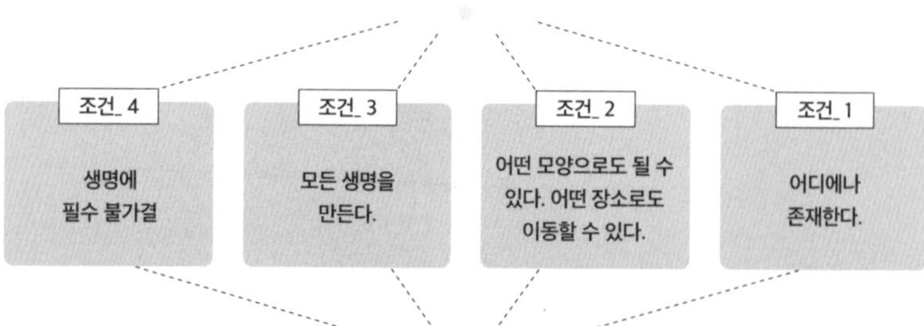

만물은 물로 이루어졌다

아르케

물, 공기, 불…
세계의 근본을 이루는 물질

'시작'을 의미하는 그리스어. 세계를 구성하는 만물의 근원. 탈레스가 그 원리를 추구했고, 후계자들에 의해 '무한' '공기' '수(數)' 등 추상적인 것도 포함해 다양한 개념이 제시되었다.

데모크리토스

만물의 아르케는 **원자**(아톰)

아낙시메네스

만물의 아르케는 **공기**

탈레스

만물의 아르케는 **물**

탈레스는 아르케를 물, 제자 아낙시메네스는 공기라고 생각했다. 데모크리토스는 그 흐름을 수용하여 눈에 보이지 않는 작은 입자, 아톰(원자)이 운동해 결합하는 것으로 모든 물질이 형성된다고 주장했다.

올리브 풍작을 예측해 큰 이익을 얻다

탈레스는 천문학을 통해 다음 해에 올리브가 풍작을 이룰 것을 알고 압착기를 사재기했다. 그의 예상대로 다음 해 올리브가 풍작을 이루면서 압착기가 부족해 빌려달라는 의뢰가 쇄도해 큰 이익을 얻을 수 있었다. 또, 측량술을 이용해 일식을 예언하는 등 과학에 재능이 많은 인물이었다.

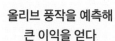

사상의 배경

세계의 모든 현상을 철학적으로 해명하는 사상이 요구되었다

탈레스가 태어난 곳은 그리스의 식민 도시였던 밀레투스(지금의 터키). 메소포타미아와 이집트의 교류가 활발한 국제 도시였다. 탈레스는 그리스 신화가 보여주는 세계관이 세계 공통은 아니란 것을 깨닫고 그것을 대신하는 세계의 원리를 발견하기 위해 '만물의 근원'을 추구하기 시작했다.

Socrates

소크라테스

B.C.470? ~ B.C.399 / 그리스

대화를 통해 선(善)과 미(美)에 대해 탐구했다. 저술을 남기지 않아서 그의 말과 행동은 제자 플라톤(p.178)의 저서 「대화편」 등에 기록되었을 뿐이다.

주요 저서

특별히 없음

※ 플라톤이 『소크라테스의 변명』 「대화편」 등에 그의 말을 정리했다.

무지의 지

자신은 정말 중요한 것을 아무것도 모른다는 자각에서 '진정한 지'를 탐구하게 되었다.

무지의 지

자신이 알아야 할 것을 아무것도 모른다는 것을 알다

소크라테스는 인간이 진짜 알아야 할 것은 '선'과 '미'란 무엇인가 하는 것이라고 생각했다. 그리고 많은 사람이 세속적인 지혜를 습득할 뿐 자신의 '무지'를 모른다고 깨달았다.

모든 것을 아는 것은 신뿐

소크라테스는 신전에서 '소크라테스보다 지혜로운 사람은 없다'는 신탁을 받았다. 그는 놀랐지만 '자신만이 자신의 무지를 안다'는 의미에서 지혜로운 것이라고 이해했다.

나만이 '나는 아무것도 모른다'는 것을 알고 있다.

문답법

대화로 상대의 무지를 자각시켜 진리에 다가간다

소크라테스는 '아무것도 모른다'는 입장에서 상대에게 질문하고 그 대답에 대해 고찰을 거듭함으로써 개인이 품고 있는 인식이 얼마나 애매모호한지를 이끌어냈다.

용기란 무엇인가?
전장에서 도망치지 않는 강한 인내심입니다.
적의 대군 속에서 버티는 것은?
그것은 무모한 행위입니다.
그럼 용기란 무모한 행위인가?
……
(모르겠다)

거듭 질문하는 것으로 상대가 상식이라 여겼던 것이 뒤집히고 자신은 '아무것도 몰랐다'는 것이 분명해진다. 거기서 대화를 이어나가 진짜 지식을 이끌어낼 수 있게 했다.

사형선고를 받아들이고 잔에 담긴 독을 마신다

소피스트들의 무지를 들춰낸 소크라테스는 그들에 의해 '청년을 타락시킨 죄'로 고발당해 사형 판결을 받는다. 탈출하라는 주위의 권유에 '설령 악법이라도 그에 맞서는 것은 옳지 않다. 악법도 법이다'라며 죽음을 선택했다. 법정에서의 그의 주장은 플라톤의 『소크라테스의 변명』에 기록되어 있다.

사상의 배경

민중의 마음을 사로잡기 위해 이용하기 쉬운 말만 하는 정치가가 늘었다

당시 그리스에서는 정치적인 성공을 위해 변론의 능숙함을 중시했기 때문에 변론술을 가르치는 소피스트※가 큰 힘을 가졌다. 그러나 소크라테스는 진짜 지향해야 할 것은 세속적인 성공이 아니라 '영혼의 배려'(p.33)로, 보다 선하게 사는 방법에 대해서 생각하는 것이라고 말했다.

※당시 그리스 사회에서 수업료를 받고 변론술과 정치·법률 등의 지식을 가르친 사람들. 사람들의 설득을 주목적으로 하기 때문에 후세에는 '궤변가'라고도 했다.

Plato

플라톤

B.C.427 ~ B.C.347 / 그리스

고대 그리스, 아테나이(아테네)의 귀족 출신. 소크라테스의 제자로 '선' '미' '정의' 등 '선하게 살기' 위한 가치를 추구했다.

영향을 받은 철학자

소크라테스(p.176)

주요 저서

『소크라테스의 변명』『향연』『파이드로스』『국가』

본질은 천상의 이데아계에 있다.

사물의 진짜 모습은 천상의 이데아계에 존재한다. 현실에서 인간이 인식하는 사물은 이데아계에 있는 진실의 그림자 같은 존재다.

이데아

모든 것은 이데아(본질)를 갖는다

이데아는 아남네시스(anamnesis, 상기)에 의해 인식할 수 있는 실재. 플라톤은 인간의 영혼은 태어나기 전에 이데아계에서 다양한 이데아를 보는데, 현세에서는 그곳에서 본 것을 떠올리는 것으로 사물을 인식한다고 했다.

다양한 모양의 컵을 똑같이 '컵'이라고 인식할 수 있는 것은 왜일까? 플라톤에 따르면 이것들은 모두 '컵(=액체가 들어 있는 그릇)'이라는 이데아를 분유(分有)하기 때문이라고 말한다.

KEYWORD

이데아의 이데아

그 중에서도 중요한 이데아는 선(善)·미(美)·정의(正義)

'선' '미' '정의'의 개념은 보편적인 의미를 파악하기 어렵기 때문에 문답법(p.177)을 통해 추구하는 수밖에 없다. 그 중에서도 '선'의 이데아가 가장 중요해 '이데아의 이데아'로 불린다.

'정의'와 '미'의 이데아는 '선'의 이데아를 바탕으로 해야 비로소 존재한다.
'선'의 이데아가 지식과 진리의 근거이며, 그것 없이 '정의'나 '미'의 의미는 성립하지 않는다.

사랑은 외모도 중요! 플라토닉 러브의 본래 의미

'플라토닉 러브'는 정신적인 사랑을 의미하는 말인데, 플라톤 자신은 아름다운 육체를 사랑의 제일 조건으로 보았다. 아름다운 사람은 미(美)의 이데아 자체를 볼 수 없는 인간의 고뇌를 치유해주는 유일한 존재. 아름다움에 의한 치유 다음에 정신적인 사랑에 이른다고 여겼다.

사상의 배경

불안정한 정치 체제와 스승의 죽음을 계기로 철학의 길로 들어선다

플라톤은 애초에 정치가가 되고 싶어 했다. 소크라테스를 만나고 그의 생각에 깊이 동감하는데, 아테네 의회의 판단으로 소크라테스는 사형에 처해진다. 또, 당시의 아테네는 정치 체제가 변화해 안정되지 않았기 때문에 정치에 환멸을 느낀다. 이후에는 가치에 대한 통찰도 전개한다.

Aristotle

아리스토텔레스

B.C.384 ~ B.C.322 / 그리스 / 형이상학

'4원인설'을 주장한 것 외에 논리학, 자연학, 정치 등 여러 분야 학문을 체계화해 '만학의 시조'로 불렸다. 플라톤의 제자로, 이데아론은 부정했다.

영향을 받은 철학자

플라톤(p.178)

주요 저서

『형이상학』『정치학』『니코마코스 윤리학』

본질은 개개의 사물 안에 있다.

플라톤은 사물의 본질은 이데아계(p.178)에 있다고 했는데, 아리스토텔레스는 사물 그 자체 안에서 본질을 찾았다.

4원인(四原因)

사물에는 4가지 원인이 있다

사물의 근본 원인으로 '형상인(形象因)' '질료인(質料因)' '작용인(作用因)' '목적인(目的因)' 4가지가 있다고 보았다. 최고의 목적인은 '최고선'으로, 최고의 공통체인 폴리스(국가)에서 추구한다. 질료인은 사물의 소재, 형상인은 사물의 본질, 작용인은 사물을 생성하는 힘, 목적인은 사물의 마지막 단계를 가리킨다.

질료인

도자기 등 사물을 형성하는 소재.

형상인

사물의 본질. '액체'가 들어가는 그릇 등 '컵'이라는 개념.

목적인

'물을 마시기 위해서' 등의 목적을 나타낸다.

작용인

공장에서 제조되었다는 등의 이유.

중용

인간이 삶의 목적인 행복을 실현하는 방

삶의 목적인 '행복'을 이루려면 뛰어난 인간성인 '덕'이 불가결하다. 그리고 덕을 얻기 위해서는 적절한 균형감을 유지해 '중(中)'을 지향하는 것이 중요하다고 보았다.

부족		중용		과잉
겁쟁이	←-----	용감	-----→	무모
인색하다	←-----	너그럽다	-----→	되는 대로
불유쾌	←-----	친절	-----→	아부
비굴	←-----	긍지	-----→	사치

'덕'은 '윤리적 탁월성', 즉 윤리적인 덕. 덕을 얻기 위해서는 지식, 교양뿐 아니라 '과잉'과 '부족'으로 쏠리지 않고 '중용'을 취하는 습관을 가져야 한다고 했다.

유럽에 역수입된 아리스토텔레스

아리스토텔레스의 철학은 유럽에서는 한때 잊혀졌다. 대신 동방의 이슬람권으로 유입돼 독자적인 진화를 이룬다. 이후 십자군 원정 때 이슬람 문화가 유럽으로 유입하면서 역수입되어 로마 가톨릭 교회에 받아들여져 신앙의 옳음을 증명하려 한 스콜라 철학(p.166)이 발전했다.

사상의 배경

플라톤의 아카데메이아에서 학문의 기초를 배운다

아리스토텔레스는 플라톤이 창설한 학교 '아카데메이아'에서 학문을 배우고 이후에 직접 '리케이온'을 세운다. 윤리학부터 예술에 이르기까지 다양한 분야에서 연구 활동을 했다. 스승 플라톤의 이데아설에 의문을 품고 적극적으로 말을 바꿔가는 모습은 그리스 철학의 사제 관계가 아니면 불가능하다.

René Descartes

르네 데카르트

1596~1650 / 프랑스 / 대륙 합리론

철학자이며 수학자. 수학에서 사용되는 공리※를 철학에도 도입해 누구나 똑같은 답을 얻을 수 있는 사고 시스템을 구축했다.

주요 저서

『방법서설』『정념론』『성찰』

나는 생각한다, 고로 나는 존재한다.

'방법적 회의'(p.45)라고도 한다. 이성으로 냉정하게 판단한 일은 올바른 인식으로 신뢰해도 좋다는 결론의 근거가 되었다.

※수학의 이론을 전개할 때 그 전제·출발점이 되는 근본 명제.

KEYWORD

이성(理性)

세계와 자신을 이성으로 인식하고 파악한다

'나는 생각한다, 고로 나는 존재한다'는 사상은 모든 존재의 인식의 근거에 인간의 이성을 두는 것을 의미한다. 그래서 자신의 몸을 포함한 모든 세계는 이성에 의해 인식·파악되는 대상이 되었다.

객관적으로 인식

데카르트의 세계관

과거의 세계관

중세의 신 중심의 세계에서는 자신은 세계 안에 내포되는 존재였다.
그러나 '이성'의 발견으로 세계의 본질은 객관적으로 인식할 수 있는 것으로 전환되었다.

심신이원론 (心身二元論)

물질적인 몸과 정신적인 마음은 별개의 것

인간은 공간에 물질적인 위치를 차지하는 몸과 물리적으로는 존재하지 않는 마음(이성)을 겸비한다. 데카르트는 마음과 몸은 별개의 것으로, 몸은 마음의 작용에 의해 움직이는 '기계' 같은 것으로 인식했다.

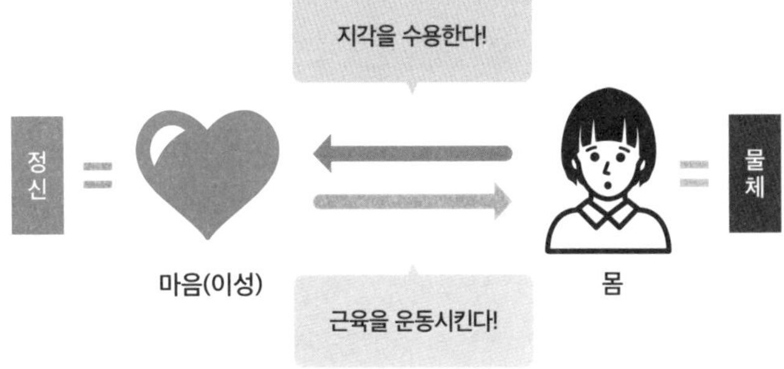

데카르트는 뇌 안쪽에 있는 기관 중 하나인 '송과선(松果腺, 솔방울샘)'을 통해 마음(이성)이 몸에 명령을 하고, 몸이 느끼는 지각을 수용한다고 생각했다. 당시에는 마음과 몸을 구별해 그 관계에 대해서 생각하는 것 자체가 획기적이었고, 심신의 문제에 대해서는 현재도 논쟁이 계속되고 있다.

늦잠이 습관이었던 데카르트. 사망 원인은 추운 나라에서 일찍 일어났기 때문?

데카르트는 53세 때 스웨덴 여왕의 초청으로 겨울에 스웨덴으로 건너갔다. 바쁜 여왕을 상대로 한 강의는 새벽 5시부터 시작되었다. 본래 오전 중에는 침대 밖으로 나오지 않던 사람이 새벽부터 움직인 데다 한겨울 북쪽 나라의 매서운 추위까지 더해져서인지 2개월 만에 폐렴에 걸려 그곳에서 사망했다.

사상의 배경

자연과학의 발전과 종교 전쟁의 확산

수학과 자연과학의 발전, 그리고 가톨릭 세력과 프로테스탄트 세력 사이의 종교 전쟁이 확대돼 기독교의 획일적인 가치관이 흔들리기 시작한 시대. 그런 상황에서 인간은 자신의 이성으로 진실과 선악을 판단할 수 있다는 사고의 흐름이 생겨났다.

Baruch de Spinoza

바뤼흐 데 스피노자

1632~1677 / 네덜란드 / 대륙 합리론

데카르트와 나란히 대륙 합리론(p.242)을 대표하는 인물. 합리적인 추론을 거듭해 신의 존재와 인간의 정신에 대해 논증하려 했다.

영향을 받은 철학자

데카르트(p.182)

주요 저서

『신학·정치론』『에티카』

신은 곧 자연이다.

'신'은 유일한 '실체'※로, 그 외의 존재는 모두 신의 '속성'이다. 세계는 신의 변용으로, 신이 세계 그 자체라는 사고방식.

※그 자체로 존재하는 것.

KEYWORD

범신론(汎神論)

인간을 포함해 세계의 모든 것은 신의 변용이다

스피노자에 따르면 모든 사물이 유일하고 무한한 신의 속성, 또는 신의 속성이 변화한 것. 즉, 자연과 인간을 포함한 세계는 모두 신을 원리로 한다.

범신론에서는 세계는 신이 생각한 대로 존재한다. 뒤집어 말하면, 세계 그 자체가 신과 같다고 할 수 있다. 이 '신즉자연(神卽自然)'이라는 개념에서는 신은 종교적인 성격을 갖지 않아 신을 인격적인 존재로 여겼던 당시의 교회로부터 '무신론'이라는 비판을 받았다.

KEYWORD

마음과 몸은 하나

마음도 몸도 모두 신의 속성

데카르트의 심신이원론(p.183)과 달리 신의 속성(변용)인 인간의 마음과 몸은 신의 두 가지 표현으로, 동일한 존재라고 했다. 그리고 신의 필연적인 관계를 인식하는 것에 이성의 진정한 기능과 행복이 있다고 했다.

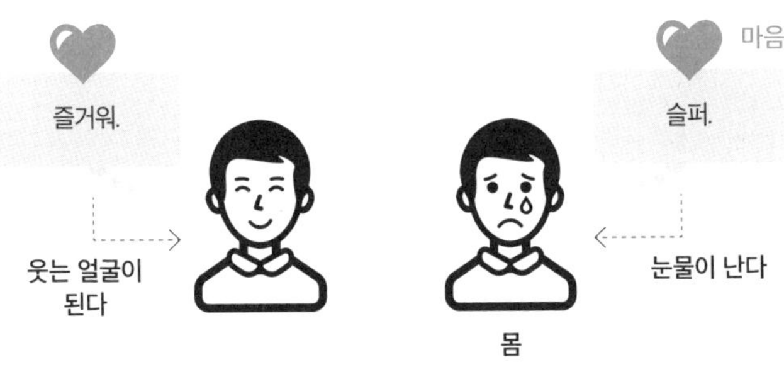

'슬프면 눈물이 난다' '기쁘면 웃는 얼굴이 된다'처럼
마음과 의지의 움직임은 몸과 연동해 감각과 운동으로서 나타난다.
그 모든 것은 신의 속성으로, 심신은 평행하게 존재한다.

유대교·기독교 양쪽 모두에서 이단 취급

포르투갈계 유대인 부모에게서 태어났다. 유대교 교육을 받지만 데카르트 철학의 영향으로 교육에 비판적이 되어 공동체에서 추방된다. 또, 범신론 발표와 함께 기독교로부터도 이단 취급을 당한다. 고독 속에서 렌즈 가공으로 생계를 유지하며 철학에 몸을 바치는 삶을 살았다.

사상의 배경

종교적 가치관이 쇠퇴하고 새로운 선악의 기준이 요구되었다

스피노자는 유럽 전체를 끌어들인 종교 전쟁 시대 말기에 태어났다. 그런 시대 분위기 속에서 종교를 토대로 한 전통적인 가치관으로부터 벗어나 합리적으로 선악의 기준을 고찰하려 시도했다. 그의 저서 『에티카』도 '공리' '정리' '증명' 등의 말을 사용해 수학적 증명을 하듯이 전개된다.

John Locke

존 로크

1632~1704 / 영국 / 영국 경험론

'인간의 인식은 모두 지각 경험을 토대로 성립한다' 고 주장하며 영국 경험론(p.248)을 확립했다. 혁명 시대에 태어나 정치 사상가로도 알려졌다.

영향을 받은 철학자

베이컨※

주요 저서

『인간지성론』『시민정부론(통치론)』

갓 태어난 인간의 지성은 백지다.

갓 태어난 인간의 지성은 '타불라 라사(tabula rasa, 백지)'로, 모든 지식은 경험에 의해 후천적으로 쓰인다고 생각했다.

※ 프랜시스 베이컨(Francis Bacon). 영국의 철학자. 경험론의 창시자.

타불라 라사(백지)

인간은 경험으로 지성을 습득한다

로크는 생득관념(경험에 유래하지 않는 인간의 의식)을 부정하고 갓 태어난 인간의 마음을 '백지'라고 규정했다. 이성을 생득관념이라 한 대륙 합리론(p.242)을 정면으로 부정했다.

인간은 선천적으로 이성을 갖추고 있다는 합리론과 달리 로크는 경험을 쌓고 반성하는 것으로만 인간이 관념(지성)을 얻을 수 있다고 했다. 그리고 경험에 의해 인간의 지성이 알 수 있는 범위를 해명하려고 했다.

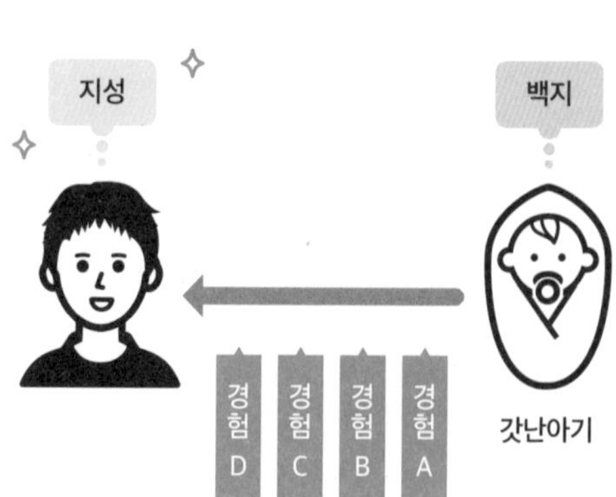

단순관념과 복합관념

단순관념의 집적이 복합관념이 된다

로크는, 관념은 경험에 의해 구성된다는 전제하에 '단순관념'과 '복합관념' 두 가지로 분류했다. 인간의 관념은 단순관념의 복합에 의해 성립된다고 했다.

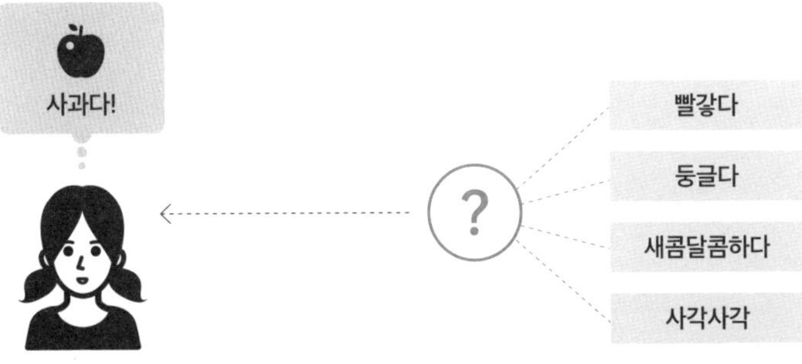

복합관념

받아들인 단순관념에 대해 생각하거나 조합하면 관념이 보다 세련된다.

단순관념

오감으로 받아들이는 인상과 정보. 크기, 모양 등 타인과 인식이 일치하는 것과 색깔이나 소리 등 개인차가 있는 것이 있다.

미국 독립선언의 사상적 근거가 되다

로크는 사회계약설(p.246)로 통치의 정당성도 설명한다. 인간은 누구나 자유롭고 평등하며 법을 집행할 권리를 갖는다고 한 것에 더해 국가를 운영하기 위한 사법·입법·행정이라는 '삼권분립'의 원리를 주장했다. 이것은 후에 미국 독립선언의 근거로 채용되었다.

사상의 배경

많은 갓난아기를 보고 생득관념에 의문을 품다

로크는 의사로서 많은 갓난아기를 보며 '인간은 태어나면서 이성을 갖추고 있다'는 합리론의 입장에 의문을 가졌다. 그리고 마음의 본질 같은 추상적인 개념을 배제하고 지각 경험만이 인간에게 지성을 준다고 생각해 인식의 원리 해명을 시도했다.

Thomas **Hobbes**

토머스 **홉스**

1588~1679 / 영국 / 사회계약설

철학자. 정치 사상가. 인간은 서로를 불안에 빠뜨리는 존재로, 싸움을 피하기 위해서는 계약을 맺어 공공의 권력을 설정해야 한다고 말했다.

영향을 받은 철학자

데카르트(p.182)

주요 저서

『리바이어던』

리바이어던

주요 저서의 제목은 『리바이어던※』. 싸움을 피하기 위해 계약으로 건설하는 국가의 모습을 제시했다.

※구약성경에 등장하는 바다 괴물.

KEYWORD

만인에 대한 만인의 투쟁

자연 상태에서 인간은 늘 싸우는 상태에 있다

홉스는 자연 상태※에서 사람들은 전쟁 상태에 빠진다고 생각했다. 인간은 자신의 존재에 불안을 느껴 그 불안을 제거하기 위해 주위에 있는 인간을 따돌리고 싶어 한다. 그 결과 필연적으로 대립하게 된다.

※국가가 성립하기 이전의 상태.

평화롭게 살기 위해서는?

자연 상태

인간은 자연 상태에서는 상호 불신에 빠져 싸움을 계속한다. 시민 전원이 평화롭게 살기 위한 계약을 맺는 것이 필요(사회계약설의 사고방식으로 이어진다).

사회계약설

절대적인 권력자가 사회를 감시해 규칙을 지키게 한다

홉스는 사회계약설에서 사회 구성원 전원이 두려워하는 절대적인 권력이 없으면 전쟁 상태는 끝나지 않는다고 했다. 그래서 시민은 상호 동의에 의거해 공공의 권력을 세울 필요가 있다.

각자가, 자신들이 설립한 공공의 권력에 권리를 양도하여 서로의 권리를 침해하지 않도록 감시받는 것으로 싸움을 없앨 수 있다.

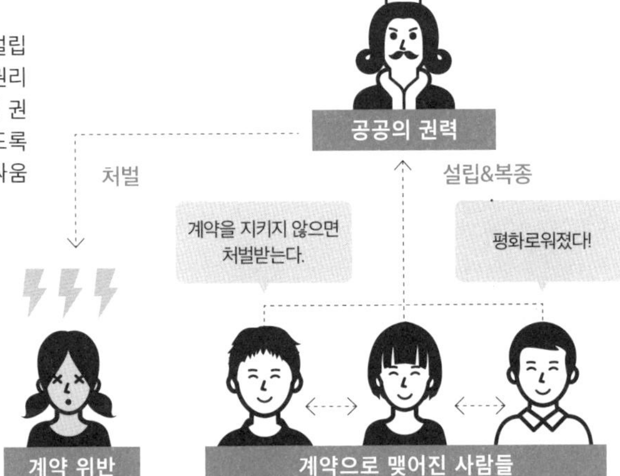

왕권신수설의 부정은 혁신적이었으나…

17세기 유럽은 절대왕정 시대였다. 군주는 왕권신수설(王權神授說)※을 주장하며 치세를 정당화했다. 사회계약설은 권력의 근거를 신이 아닌 시민에게 두었다는 점에서 매우 혁신적인 생각이다. 반면, 강대한 권력을 긍정했기 때문에 절대왕정 자체는 부정되지 않았다.

※왕의 권력은 신으로부터 주어진 것이므로 신 이외에는 왕에게 간섭할 수 없다는 주장.

사상의 배경

시민혁명이 한창이던 혼란의 시대

홉스가 50대 때, 영국에서는 청교도 혁명(1640년~1660년)이 일어났다. 국가로부터 신의 존재를 제외하고 시민 상호 간의 합의를 토대로 '시민국가'의 모습을 제시한 최초의 인물이다. 국가는 인간으로부터 만들어지는 것으로, 누구나 정당하다고 할 수 있는 형태의 국가를 구상할 수 있다고 생각해 『리바이어던』을 저술했다.

Jean-Jacques Rousseau

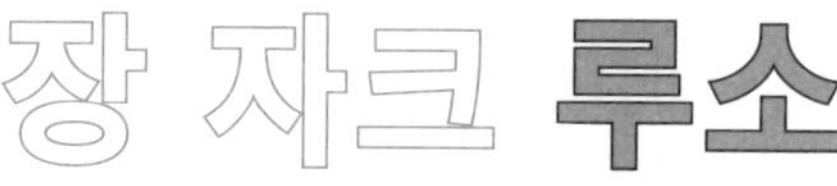

장 자크 루소

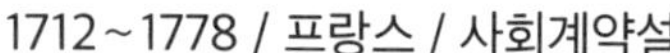

1712~1778 / 프랑스 / 사회계약설

계몽 사상가, 철학가이자 작곡가, 시인이라는 다채로운 면이 있었다. 사회계약설에 따라 사회를 새로운 공동체로 다시 만들어야 한다고 주장했다.

주요 저서

『인간 불평등 기원설』『사회계약설』『에밀』

자연으로 돌아가라.

인간은 자연 상태에서 선량하고 자유로웠는데, 불평등한 사회가 사람을 불행하게 만들었다. 다시 한 번 원점으로 돌아갈 필요가 있다.

KEYWORD

자연 상태

인간은 본래 평화롭게 살았다

루소에 따르면, 인간은 본래 자유롭고 평등하며 독립된 존재(자연 상태)였는데, 사유재산의 성립으로 빈부 격차가 확대되어 불평등과 전쟁이 발생했다. 계약으로 이 상태를 해결하기 위한 제도를 세울 수 있다고 했다.

자연 상태

모두 평등!

루소의 생각

자연 상태로 돌아갈 수는 없지만 사회계약에 의해 권리로서의 자유가 확립되어 싸움을 피할 수 있다.

상호 불안이
충돌해 투쟁이
끊이지 않는다

홉스(p.188)의 생각

개개의 인간은 상호 불안으로부터 자신의 생(生)을 우선하기 위해서 필연적으로 경합(전쟁) 상태에 이르게 된다.

KEYWORD

일반 의지(一般意志)

공공의 이익과 개인의 이익을 동시에 존중한다

근대사회가 자연 상태로 돌아가는 것은 불가능하기 때문에 자유로운 사회를 실현하려면 개인과 전체의 이익을 평등하게 존중하는 '일반 의지'를 원리로 하여 국가를 설립하는 것이 필요하다고 했다.

특수 의지

개인과 조직이 각각의 이익만을 추구하는 의지. 특수 의지에 근거한 이해(利害)가 전체적으로 서로 다투는 상태를 '전체 의지'라고 한다.

공통의 이익

일반 의지

공공의 보편적인 이익을 추구하는 국민으로서의 의지. 일반 의지를 반영해 운영되는 국가가 정당하다고 본다.

교육론 『에밀』이 베스트셀러가 되어 칸트도 시간 가는 줄 모르고 읽었다

교육론 『에밀』을 저술해 아이의 개성을 존중하자는 교육론을 펼쳤다. 아이의 권리에 대해 논한 최초의 책으로도 알려져 있다. 칸트(p.194)도 『에밀』에 자극받아 인간의 가능성에 대해 탐구했다. 또, 동요 「주먹 쥐고」의 작곡가는 루소다('주먹 쥐고 손을 펴서 손뼉 치고 주먹 쥐고…'로 시작되는 이 동요는 루소가 작곡한 전원극 '마을의 점쟁이'에 나온다). 그야말로 다재다능한 인물이었다.

사상의 배경

루소의 생각이 시민에게 확산되어 프랑스 혁명의 원동력이 된다

루소가 살았던 프랑스 절대왕정 시대에는 왕권신수설※을 근거로 한 '인간은 태어나면서부터 불평등하다'는 생각이 일반적이었다. 루소는 이 불평등은 사회계약에 의해 해소된다고 주장해 프랑스 혁명을 지탱하는 사상의 근거 중 하나가 되었다.

※왕의 권력은 신으로부터 주어진 것이므로 신 이외에는 왕에게 간섭할 수 없다는 주장.

Adam Smith

애덤 스미스

1723~1790 / 영국 / 자본주의

경제학자, 철학자. 대표 저서인 『국부론』에서 처음으로 경제학을 학문적으로 체계화했다. 영국에서는 '스미스'라는 성이 많아 이름까지 붙여 '애덤 스미스'로 불린다.

주요 저서

『국부론』『도덕감정론』

(신의) 보이지 않는 손

시장경제에서 개인의 이익을 추구하는 경제활동(분업)의 집적이 사회 전체에 이익(부)을 가져다준다는 사상.

KEYWORD

(신의)
보이지 않는 손

경제활동은 수요와 공급 관계에 맡겨두면 가장 알맞은 상태가 된다

시장경제에는 자동조절 기능(보이지 않는 손)이 존재해서 경제활동을 시장 메커니즘에 일치시키면 사회 전체의 부가 가장 알맞은 상태가 된다고 생각했다. 그래서 국가의 중상주의(重商主義)※를 비판했다.

※수출만 중시한 국가가 무역에 간섭하는 것. 자유로운 경제활동이 제한되었다.

고액의 물건도 파는 쪽의 경쟁이 가격을 떨어뜨려 살 수 있는 사람이 늘어난다. 가격 인하의 동기는 이기심이지만 사회의 행복도는 저절로 올라간다.

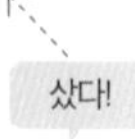

레세페르
(laissez-faire, 자유방임주의)

국가가 시장에 부당하게 개입하지 않음으로써 사회적인 부가 증대한다

경제에 있어 국가는 통제와 간섭을 하지 않고 개인의 자유로운 경쟁에 맡기는 것이 사회의 번영을 가져온다는 생각. 국가의 기능은 시장경제를 건전하게 유지하기 위한 인프라 정비(국방, 복지, 공교육 등)를 대상으로 해야 한다고 했다.

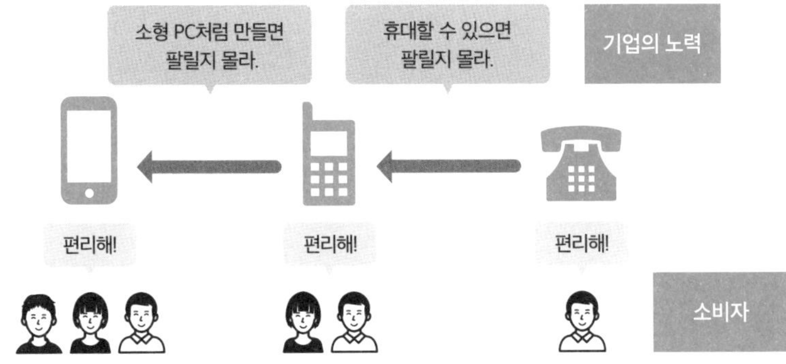

애덤 스미스는 수요과 공급의 자유로운 유통관계가 사회적인 부를 증대시키는 조건이라고 생각했다. 그래서 사람들의 다양한 요구에 응하는 제도를 구상했다.

'풍요로운 삶이란?' 보호주의 무역 정책을 비판

당시 국가 정책은 수출로 모인 금은을 부로 간주하는 중상주의로, 들어오는 금과 은을 늘리기 위해 높은 관세를 부과하는 등의 무역 규제가 이루어졌다. 그러나 애덤 스미스는 재물의 자유로운 유통이 결과적으로 만인에게 부를 증대시킨다고 주장했다.

사상의 배경

영국에서 산업혁명이 일어나 자본주의 사회가 확산된다

18세기 영국에서는 증기기관의 발명과 방직기계의 개량 등으로 산업혁명이 진행되었다. 애덤 스미스는 생산력 향상으로 대량의 상품을 만들어 시장을 확대함으로써 영국 전체의 경제력이 향상되어 부(富)가 보편화된다고 생각했다.

Immanuel **Kant**

임마누엘 칸트

1724~1804 / 독일 / 독일 관념론

대륙 합리론(p.242)과 영국 경험론(p.248)의 대립을 해소해 새로운 인식론의 길을 열었다. '3대 비판서'로 불리는 저서로 비판 철학을 전개했다.

영향을 받은 철학자

데카르트(p.182)

주요 저서

『순수이성비판』『실천이성비판』『판단력비판』

인간의 인식은 선천적인 능력으로 구성된다.

인간은, 현상(現象)※의 배후에 있는 '물자체(物自體)'에 의해 촉발되어 인식한다. 인식의 구조가 보편적이므로 객관적인 인식이 성립한다.

※눈과 귀 등의 감각에 느껴지는 것.

KEYWORD

물자체와 현상

인간은 '물자체'를 인식할 수 없지만 현상을 객관적으로 인식할 수 있다

칸트는 인식 구조의 보편성이 객관적인 인식의 조건이라고 생각했다. 인간은 물자체(현상의 요인)를 직접 인식할 수 없지만 인식 구조는 공통이므로 그것이 객관적 인식의 조건이 된다.

감성(感性)
데이터를 수용하는 능력

오성(悟性)
데이터를 종합(개념화)하는 능력

이성(理性)
원리적으로 사고하는 능력

인간은 선천적으로 '감성' '오성' '이성'이라는 인식 구조를 갖는다.
따라서 '물자체'는 인식할 수 없지만 현상을 객관적으로 인식하는 것은 가능하다.

코페르니쿠스적 전환

인간이 사물을 인식하는 것이 아니라 인식하기 때문에 사물이 존재한다

칸트가 스스로 인식론을 특징지은 말. 인식은 대상에 의존한다는 전통적인 관념을 뒤집어 대상의 인식은 주관에 갖춰진 능력에 의해 성립한다며 코페르니쿠스에 의한 천동설에서 지동설로의 전환에 비유했다.

종래의 인식론

종래의 인식론에서는 이미 존재하는 대상을 주관이 받아들이는 것으로 인식이 성립한다고 했는데, 칸트는 그것을 뒤집어 주관이 대상의 인식을 성립시킨다고 했다.

결혼은 하지 않았지만 혼자 하는 식사는 좋아하지 않았다

칸트는 밤 10시에 잠자리에 들어 새벽 5시에 일어나는 규칙적인 생활을 계속했는데, 정해진 시간에 하는 친구들과의 식사도 즐겼다. 그의 저서에도 혼자 식사하는 것은 철학자의 건강에 나쁘다고 쓰여 있다. 또, 술은 부드럽게 즐겨야 한다며 만취하는 사람도 싫어했다.

사상의 배경

대륙 합리론과 영국 경험론의 생각을 통일한다

'경험론'은 감각적인 경험을 원리로 하고, '합리론'은 이성에 의한 명석한 추론을 원리로 한다. 칸트는 감각적인 경험은 공간적·시간적인 관념과 함께 이성에 의한 추론을 이용해야만 인식할 수 있다고 했다. 그래서 경험과 이론 모두를 반드시 필요한 것으로 인식해 두 가지 철학의 통일을 생각했다.

Georg Wilhelm Friedrich **Hegel**

게오르크 빌헬름 프리드리히 **헤겔**

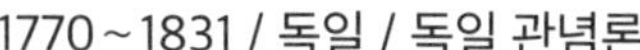

데카르트, 홉스로부터 시작되는 근대 철학을 정리했다. 독일 관념론의 완성자로 알려져 있다. 인간의 자아에 있는 욕망은 '자유'를 본질로 한다고 주장했다.

영향을 받은 철학자

플라톤(p.178)
칸트(p.194)

주요 저서

『정신현상학』『법의 철학』

이성적인 것은 현실적인 것이며, 현실적인 것은 이성적인 것이다.

헤겔은 이성적인 것은 모두 현실에 근거해 실현되고, 현실적인 것은 모두 이성의 발로라고 했다.

인륜(人倫)

'자유'와 '선'이 양립한 상태

선악의 기준은 타인과의 관계에서 생겨난다는 확신이 사회적인 '선'의 조건이 된다고 했다. 처음 의식 안에 머물러 있던 '자유'의 정신은 관계성 안에서 차츰 실현된다. '인륜'은 그런 자유가 실현된 상태다.

각자의 주관적인 도덕은 '자유'가 전개되는 속에서 이성적인 공동체(인륜)로 전환한다. 인륜의 세계에서 사람들은 완전한 자유를 얻는다. 헤겔은 부의 재분배와 공교육으로 개인 간의 격차가 부당해지지 않도록 하는 것이 필요하다고 했다.

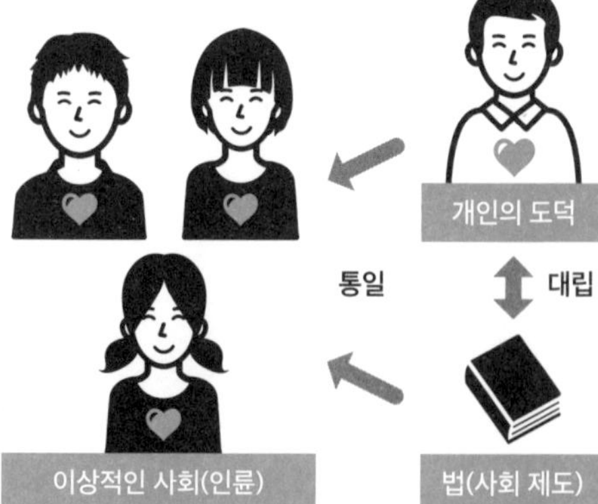

국가

가족 간의 유대와 시민 사회의 대립을 해소한다

헤겔에 따르면 국가는 '인륜'의 이상적인 형태다. 개인의 독립을 유지할 수 없는 '가족'과 개인의 '자유'는 보장되지만 욕구의 충돌이 일어나는 '시민 사회'를 통일시킨 것. 헤겔은 '자유'의 최고 실현 단계라고 했다.

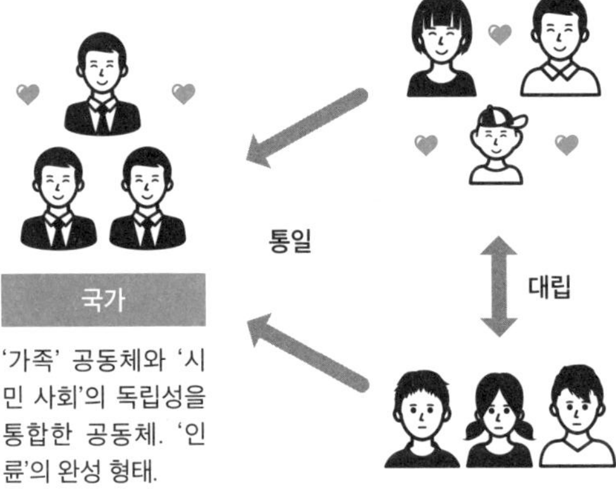

가족
애정으로 이루어진 공동체. 개인은 가족의 일원으로, 인격의 독립성은 없다.
통일
대립
국가
'가족' 공동체와 '시민 사회'의 독립성을 통합한 공동체. '인륜'의 완성 형태.
시민 사회
자유롭고 평등한 개인의 모임. 각자의 욕구를 채우기 위해 경제 활동을 한다. '욕망의 체계'라고도 한다.

'미네르바의 부엉이는 황혼이 져야 비상을 시작한다'

저서 『법의 철학』 서문에 있는 말이다. 예부터 지혜의 여신 미네르바의 화신으로 여긴 부엉이는 야행성이어서 날이 저물어야 날아오른다. 마찬가지로 철학은 시대성을 반영하는 학문으로 역사가 끝나지 않으면 사물의 진실된 모습을 볼 수 없다는 의미로 해석된다.

사상의 배경

헤겔 철학의 원리는 '자유'와 '상호 승인'

헤겔은 각자의 인격을 서로 존중하는 것(상호 승인)이 자유의 첫걸음이라고 했다. 그것을 위해 꼭 필요한 것이 '교양'이다. 교양은 공동체에 가치관의 차이로 다양한 '선(善)'이 있다는 것을 가르쳐준다. 주관적인 욕구는 교양을 통해 음미함으로써 사회 속에서 '자유'로 승인될 가능성을 얻는다.

Arthur Schopenhauer

아르투어 쇼펜하우어

1788~1860 / 독일 / 생(生)의 철학

페시미즘(염세주의)을 대표하는 철학자. 칸트의 사상에서 많은 영향을 받았으며 인도의 불교 사상과도 통하는 독특한 염세관을 구축했다.

영향을 받은 철학자

플라톤(p.178)
칸트(p.194)

주요 저서

『의지와 표상으로서의 세계』

세계는 맹목적인 생(生)에 대한 의지로 이루어져 있다.

세계는 인간이 생존하려는 맹목적인 의지에 이끌린다는 생각. 그것이 끊임없이 싸움과 욕망을 만들어낸다.

KEYWORD

페시미즘(염세주의)

근본에는 '맹목적인 의지'가 있다

헤겔(p.196)은 역사의 변천은 진보의 일환으로, 인간이 자유를 획득하는 과정을 나타낸다고 했다. 그러나 쇼펜하우어는 인간이 맹목적 의지에 조종당하는 한 고통은 사라지지 않아서 역사는 변화하는 것만으로는 의미를 갖지 않는다고 했다.

생(生)에 대한 맹목적인 의지

=

잘 살고 싶다.

돈이 많으면 좋겠다.

맛있는 거 먹고 싶다.

이성과 사귀고 싶다.

내가 제일이야!

동물과 식물은 본능적으로 '살고 싶다'는 맹목적 의지하에 생존을 위해서 끊임없이 투쟁한다. 마찬가지로 인간도 자기 보전의 욕망을 채우기 위해 행동한다. 욕망이 충족되면 만족하지만 다시 새로운 욕망이 나타나 고통에는 제한이 없다.

예술

삶의 고통에서 일시적으로 도망치는 방법

쇼펜하우어는 문학과 음악 등 예술에 열중하면 일시적으로 삶의 고통에서 벗어날 수 있다고 했다. 그리고 최종적으로 그 고통에서 벗어나기 위해서는 '의지의 부정', 즉 '무사(無私)'의 상태인 불교적 열반의 경지에 이르는 수밖에 없다고 했다.

\ 인간이 고뇌로부터 해방되기 위해서는? /

동정

상대를 이해하려는 마음. 순수한 사랑과 동일시된다.

불교

이성의 힘으로 의지(욕망)를 극복한다. 끊이지 않는 욕망으로부터 해방되어 마음의 평안을 얻는다.

예술

그림과 음악 등의 뛰어난 예술 작품은 세계의 본질(이데아, 물아체라고도 불린다)을 나타낸다고 했다.

헤겔 철학 전성 시대에 싫증이 나서 대학을 떠난다

당시는 헤겔 학파가 생길 만큼 헤겔 전성기였다. 같은 시기에 베를린 대학 강사가 된 쇼펜하우어는 헤겔의 강의와 같은 시간에 자신의 강의를 개강했다. 그런데 수강자가 불과 8명에 그치자 자존심에 상처를 입은 그는 그 후 반년 만에 대학을 떠난다.

사상의 배경

칸트의 사상을 출발점으로 한 독특한 염세관

칸트의 후계자임을 자인한 쇼펜하우어. 사람이 인식하는 추상적인 세계의 밑바탕에는 '맹목적 의지'가 있는데 그것이 칸트의 '물아체'에 해당한다고 했다. 생전에는 주목받지 못하다가 19세기 말에 재발견되어 니체(p.208)와 음악가 바그너에 큰 영향을 주었다.

Jeremy **Bentham**

제러미 **벤담**

1748~1832 / 영국 / 공리주의

독자적인 계산식으로 사람의 쾌락(행복도)을 계산해 그 합계 점수가 높을수록 행복한 사회라고 정의한다. 의회 개혁 등 정치운동에도 관여했다.

주요 저서

『도덕과 입법의 원리 서설』

최대 다수의 최대 행복

신분을 불문하고 행복도를 계산해 만인의 행복(공리)을 실현하는 것이 통치와 법의 정당성을 판단하는 기준이라고 했다.

KEYWORD

공리주의

쾌락(행복)을 가져다주는 것을 '선'이라 생각한다

벤담은 쾌락과 행복을 동일시했다. 그리고 인간의 행위가 쾌락으로 이어지면 '선', 고통으로 이어지면 '악'이라고 정의해, 선악의 판단 기준을 행위의 결과인 쾌락/고통에서 찾았다.

벤담은 어떤 행위가 옳다고 여겨지는 것은 이익 관계자 전체의 행복을 촉진하는 경우뿐이라고 했다. 개인적인 것에 한정되지 않고 국가와 국민 간의 관계성에도 적용되어서 정책의 정당성의 기준은 국민 모두의 행복을 촉진하느냐, 안 하느냐에 있다고 했다.

KEYWORD

최대 다수의 최대 행복

행복도가 높은 사회는 행복의 평균점수가 높다

최대 다수의 개인의 행복을 가능하게 하는 통치만이 정당하다는 생각. 벤담은 정치의 정당성을 판단하기 위해 독자적인 기준에 따른 쾌락 계량법을 고안했다.

행복도가 높은 사회

좋은 사회는 압도적으로 행복도가 높은 사람은 없지만 전체적으로 안정된 수준을 유지한다.

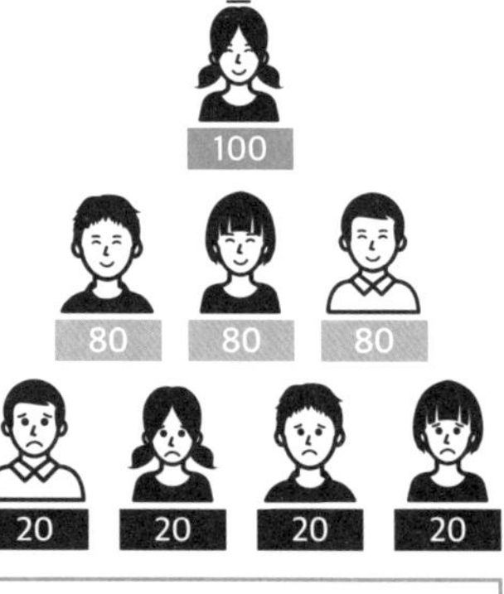

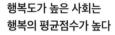

행복도가 낮은 사회

일부 사람의 행복도는 높지만 그 외 많은 사람이 낮은 수준을 보이면 좋은 사회라고 할 수 없다.

변호사 자격을 취득하지만 실무보다 사회 개혁에 관심을 갖는다

벤담은 변호사 자격을 취득하지만 법조계로 나가지 않고 저술 활동을 통해 사회에 다양한 의견을 제안했다. 정치와 법률 개혁에 열정을 가져서 새로운 시스템의 교도소, 파놉티콘(원형 교도소, p.231) 건설 계획을 세워 정부에 제안한다. 공리주의 사상에 근거하여 교도소를 죄수의 교정 시설로 인식했다.

사상의 배경

일부 사람들이 권력을 독점하는 사회에 의문을 품다

벤담은 정부의 역할이 최소한으로 이루어져야 한다고 주장했다. 정부는 치안 유지 등의 인프라 정비에 주력하고 구체적인 행복 추구는 개인에게 맡겨야 한다고 생각한 것이다. 혁명이 아닌 법 제도로부터 국가를 바꾼다는 생각은 훗날 만인의 평화를 지향하는 보통 선거제의 실현으로 이어진다.

John Stuart **Mill**

존 스튜어트 밀

1806~1973 / 영국 / 공리주의

벤담이 창시한 공리주의 철학을 발전시켰다. 정신적인 쾌락(행복)을 중시해 행복의 '질'에 주목한 '질적 공리주의'를 주장했다.

영향을 받은 철학자

벤담(p.200)

주요 저서

『자유론』『공리주의론』

만족한 돼지가 되느니 차라리 불만족한 인간이 되는 게 낫다.

밀은 질 낮은 행복에 만족하는 인간이 아니라 지성과 도덕관을 키우는 교육으로 지적인 만족도를 높이는 것을 지향했다.

KEYWORD

질적 공리주의

정신적인 만족도를 높임으로써 행복도가 높아진다

벤담의 공리주의에서는 쾌락은 계산할 수 있다고 생각했다. 밀은 이것을 발전적으로 전개해 개인의 행복 추구를 가능하게 할 수 있는 사회 모습에 대해 생각했다.

교육과 법 제도로 질 높은 행복을 지향할 권리가 보장되는 사회를 만들려 했다.

KEYWORD

타인 위해의 원칙
(The Harm Principle)

타인에게 해를 미치지 않는 한 전원에게 행복해질 권리가 있다

밀은 만인이 자유롭게 행복을 누리는 상태를 '최대 행복 상태'라고 불렀다. 타인 위해(危害)의 원칙이란, 타인이 최대 행복 상태의 이념에 어긋나는 행동을 했을 때만 그 자유에 간섭해도 된다는 생각이다.

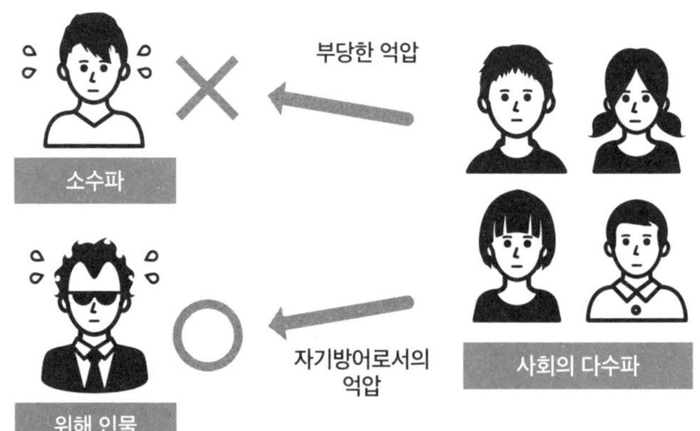

다수파가 소수파의 자유에 간섭하는 것은 부당한 억압으로 간주된다. 그러나 어떤 인물이나 조직이 주위에 위해를 가하는 경우에 한해서 그 자유를 억누르는 것은 인정된다.

일찍이 공리주의 입장에서 보통선거 실시를 호소했다

밀은 리버럴(자유주의)한 정치가로서 여성의 참정권을 주장한 인물로 알려져 있다. 그는 출신과 성별에 따른 차별은 부당하다고 여겼다. 누구에게나 행복을 추구할 권리가 있고, 소수파를 포함한 모두의 의견을 존중함으로써 모든 사람의 행복이 평등하게 실현 가능해진다고 생각했다.

사상의 배경

벤담식 공리주의자인 아버지로부터 영재 교육을 받다

경제학자로 공리주의자인 아버지 제임스에게 엄격한 교육을 받는다. 10대부터 젊은 철학자로서 이상을 꿈꾸며 바쁘게 활동했다. 그러던 중 20세에 갑자기 찾아온 '정신적 위기'를 계기로 아버지의 일방적인 교육에 얽매였던 자신을 발견하고 '공리주의의 새로운 해석'이라는 독자적인 사상에 눈을 뜬다.

Karl Heinrich **Marx**

칼 하인리히 마르크스

1818 ~ 1883 / 독일 / 마르크스주의

사회주의를 이론과 실천 면에서 모두 크게 발전시켰다. 친구 엥겔스의 도움으로 사회주의 개념의 보급과 노동자 계급의 해방을 목표로 했다.

영향을 받은 철학자

헤겔(p.196)

주요 저서

『자본론』

만국의 노동자여, 단결하라!

마르크스주의는 국가의 폐지와 공산주의 사회의 실현이 한 세트로 되어 있다. 그렇게 하려면 민중이 단결해 혁명을 일으킬 필요가 있었다.

부르주아(자본가)
·
프롤레타리아(노동자)

자본주의 사회에서는 노동자가 일할 의욕을 상실한다

자본주의 사회에서는 토지와 공장 등의 생산 수단을 가진 자본가에 의해 노동자가 지배를 당한다. 자본가가 이익을 얻어 생산력을 확대해도 자본가들 사이에 경쟁이 일어나기 때문에 그 부는 노동자에게 재분배되지 않아서 빈부 격차가 좁혀지지 않는다.

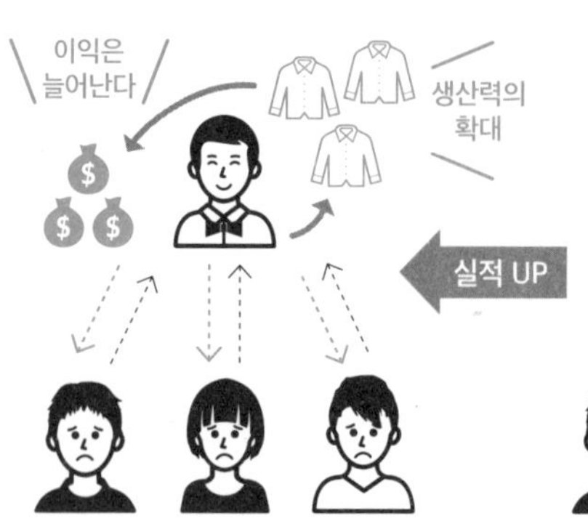

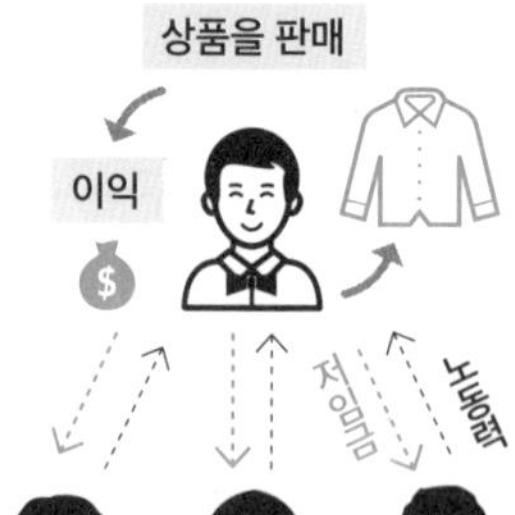

격차가 벌어지는 자본주의 사회는 계급 투쟁을 피할 수 없다.

생산관계

생산을 하는 사람들의 사회적인 관계성

생산을 하는 데 있어 사람들이 서로 관계를 맺는 사회적 관계성. 예를 들면 봉건제 사회의 영주와 소작인, 자본주의 사회의 자본가와 노동자의 관계. 마르크스는 자본주의도 역사적인 한 단계에 불과하고 언젠가 새로운 생산관계(사회주의)로 변한다고 했다.

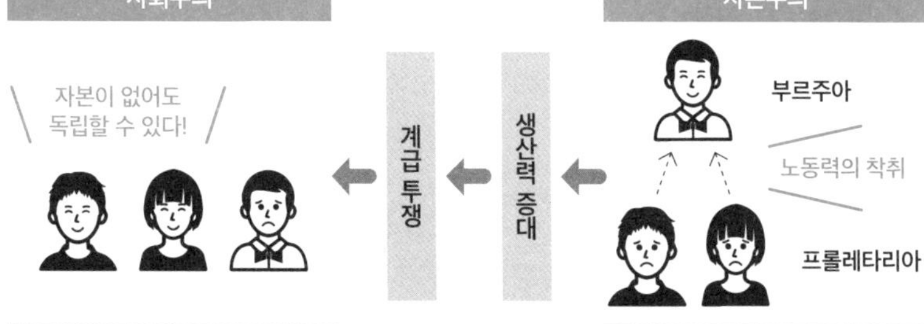

마르크스는 생산관계는 역사적으로, 원시공동체 ▸ 노예제 ▸ 봉건제 ▸ 자본주의 ▸ 사회주의 순서로 발달한다고 말했다. 기술 혁신으로 생산력이 증대하면 피지배자 계급의 입장이 향상되어 계급 투쟁이 일어나 새로운 생산관계 시대로 이행한다고 보았다.

엥겔스에 의존한 낭비가 마르크스

경제학자이며 사회주의자인 프리드리히 엥겔스는 유복한 실업가 집안에서 태어나 20대 중반에 마르크스를 만난다. 책을 써서 마르크스의 사상을 널리 알리려 노력했으며 평생 그의 생활비를 원조했다. 덕분에 마르크스는 매우 화려한 생활을 했는데, 낭비벽 때문에 빚을 지는 일이 끊이지 않았다.

사상의 배경

자본주의 사회의 위기를 깨닫는다

19세기 유럽에서는 산업혁명에 따른 자본주의의 급속한 발전으로 공장에서 일하는 노동자는 저임금에 장시간의 노동을 강요받았다. 그것은 경영자인 자본가에 대한 노동자의 계급 투쟁으로 발전해 유럽 대륙 전역에서 민중 운동이 일어났다. 같은 시기에 마르크스와 엥겔스도 혁명에 의한 사회 변혁을 강조하는 '공산당 선언'을 발표한다.

Søren Aabye **Kierkegaard**

쇠렌 오뷔에 키르케고르

1813~1855 / 덴마크 / 실존철학

'실존철학'의 시조로 알려져 있다. 그전까지의 철학자가 보편적인 진리를 추구한 데 비해 '나에게 진리인 진리'를 추구한 최초의 철학자다.

주요 저서

『죽음에 이르는 병』『이것이냐 저것이냐』

나에게 진리인 진리

키르케고르가 수기에 쓴 말. 그 말 다음에 '나의 생사를 좌우할 수 있는 생각을 발견할 필요가 있다'고 쓰여 있다.

KEYWORD

이것이냐 저것이냐

변증법(p.61)으로는 완전히 메울 수 없는 자신만의 진리의 존재

키르케고르는 저서 『이것이냐 저것이냐』에서 두 사람의 서로 다른 의견을 대립시켜 독자에게 선택을 재촉한다. '이것도 저것도' 다 취한 보편적인 진리가 아니라 자신만의 진리를 추구하려고 했다.

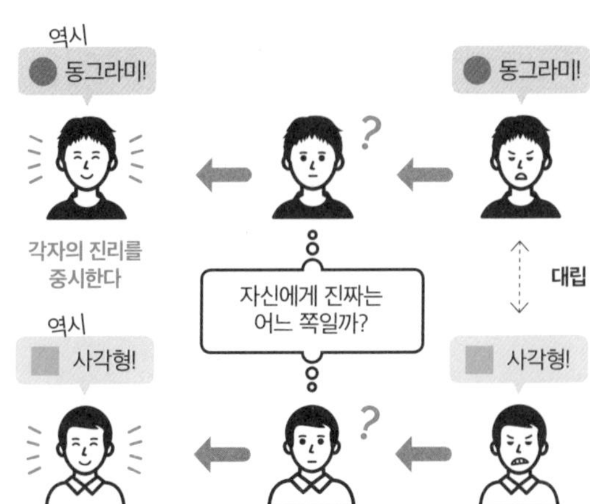

키르케고르는 헤겔(p.196)이 주장한 변증법으로 대표되는 보편적 진리의 탐구에 이의를 제기한다. 누구나 긍정하는 진리는 때로 소수파의 의견을 억압한다. 그보다는 각자 자신의 진리를 중시하는 것이 중요하다고 생각했다.

예외자

사회의 상식을 초월해 자신의 존재를 긍정한다

키르케고르는 기존의 가치관에 얽매이지 않고 자신만의 진리를 목표로 지향하는 '예외자'로서의 삶을 지향했다. 그에게 그것은 신 앞에 서는 '단독자'로서의 존재이기도 했다.

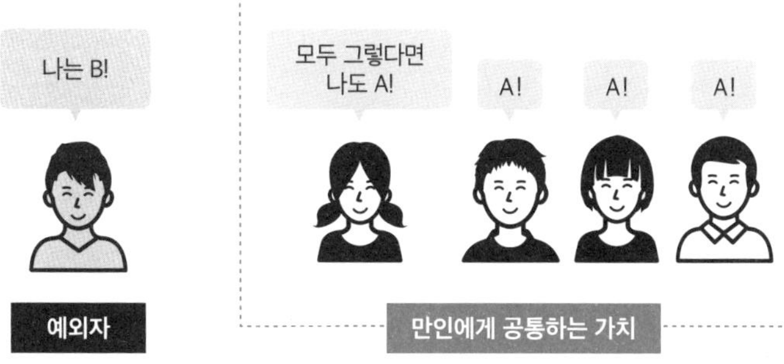

다수파로부터 소외되어 불안과 절망 속에 있어도
개인의 주체적인 진리에 따라 사는 것이 무엇보다 중요하다고 생각했다.

갑자기 길에서 정신을 잃어 사망한 고독한 삶

키르케고르의 사상은 당시에는 사람들에게 받아들여지지 않았고, 신문에는 집요하게 그를 헐뜯는 기사가 실렸다. 하지만 그는 굴하지 않고 사회를 향해 비판을 펼쳐 나갔는데, 42세 때 길에서 졸도해 다시는 돌아올 수 없는 사람이 되었다. 그의 사상은 20세기 들어 하이데거(p.218) 등에 의해 발굴되어 각광을 받는다.

사상의 배경

아버지의 폭력성과 편집적인 교육에 고뇌한 청춘

덴마크의 부유한 모직물 상인이었던 아버지와 가정부에서 후처가 된 어머니 사이에서 태어났다. 아버지로부터 엄격한 기독교 교육을 받으며 성장한다. 어릴 적부터 아버지가 어머니와 폭력적인 관계를 맺어 자신이 태어난 것이 아닐까 고뇌한다. 대학에서 신학, 철학을 배운 후 22세에 실존 사상에 눈을 떴다.

Friedrich Wilhelm **Nietzsche**

프리드리히 빌헬름

니체

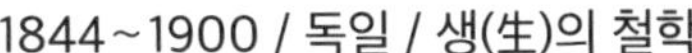

1844~1900 / 독일 / 생(生)의 철학

쇼펜하우어 등의 영향을 받아 철학을 시작해 기독교·도덕 비판을 전개한다. 삶의 고뇌 속에서 '강함'을 추구한 이단의 철학자다.

영향을 받은 철학자

쇼펜하우어(p.198)

주요 저서

『차라투스트라는 이렇게 말했다』『권력에의 의지』

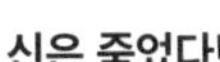

신은 죽었다!

근대에서 과학의 발전과 함께 사람들이 순수하게 신의 존재를 믿을 수 없게 되면서 삶의 의미를 찾을 수 없게 된 상태를 가리킨다.

KEYWORD

니힐리즘

기존의 가치관이 모두 무너지는 시대

기존의 가치, 질서, 권력의 절대적 근거를 부정하는 입장. 니체는 기독교 도덕을 기반으로 한 사회가 필연적으로 니힐리즘에 이를 수밖에 없다고 꿰뚫어 보았다. 이에 기존의 가치 기준을 근본적으로 전환해야 한다고 생각했다.

부모님을 소중히 해야 한다?

신이 존재할까?

학벌이 의미가 있을까?

신이 보지 않으면 나쁜 짓을 해도 될까?

니힐리즘의 시대

일반적인 가치관의 붕괴. 한 사람 한 사람이 새롭게 윤리적인 삶을 창조할 필요가 있다.

부모님을 소중히

신은 절대적인 존재

좋은 대학 가자!

좋은 일을 하면 신이 봐줄 거야.

근대 이전의 사회

흔들림 없는 가치관을 기본으로 살아가는 시대. 겉으로는 평온하지만 사람들의 마음은 억압받고 있다.

권력에의 의지

어려움을 극복하려는 삶에 대한 충동

곤란한 상황이나 문제에 맞닥뜨렸을 때 그것을 극복하려는 의지. '보다 힘차게' 살려는 충동으로, 니체는 인간을 포함한 모든 생물의 존재의 근간을 이룬다고 생각했다.

사람은 욕구에 따라 사물의 가치를 해석한다

가치의 해석은 그때마다 '권력에의 의지'의 모습에 맞춰 이루어진다. '권력에의 의지'의 모습을 항상 새로 파악하는 것이 자신의 가치 기준을 다시 만들기 위한 조건이 된다.

바그너에게 심취했으나 후에 절교한다

니체는 쇼펜하우어와 고대 그리스 신화에 강한 영향을 받은 바그너의 음악에 심취한다. 그를 극찬하는 논문(『비극의 탄생』)을 발표했는데 극단적인 내용으로 대학 교수로서의 품위를 급락시켰다. 그러나 후에 바그너와도 절교해 더욱 고독해진다.

사상의 배경

기독교가 차츰 영향력을 잃어 삶에 대한 희망을 파악하기 어려워진다

니체가 『차라투스트라는 이렇게 말했다』에서 차라투스트라를 통해 말했듯이 기독교에서의 신의 영향은 차츰 퇴색해 선악의 관념이 흔들리기 시작했다. 세계에 의미와 목적을 잃은 사람들은 선악의 모습에 대해 더 이상 순순히 믿을 수 없게 되었다.

William James

윌리엄 제임스

1842~1910 / 미국 / 프래그머티즘

심리학자, 철학자. 친구 퍼스가 주장한 사상인 '프래그머티즘'을 발전·확립시켰다. 현대 미국 철학에 영향을 주고 있다.

영향을 받은 철학자

퍼스※

주요 저서

『심리학 원리』『프래그머티즘』

※찰스 샌더스 퍼스(Charles Sanders Peirce)
미국의 철학자, 논리학자. 프래그머티즘의 창시자

프래그머티즘

사물의 진리를 그 결과로 판단하는 사상. 인간의 삶을 보다 좋게 하는 지식은 옳고, 그렇지 않으면 옳지 않다고 한다.

프래그머티즘 (도구적 진리관)

실제로 도움이 되느냐, 아니냐가 가장 중요하다

프래그머티즘에서 진리의 기준은 그 지식이 도움이 되느냐, 아니냐다. 즉, 진리는 절대 하나의 보편적인 것이 아니라 상황과 목적에 따라 규정되는 것이라고 생각했다.

징크스

빨간 구두를 신으면 결과가 좋아.

주술

시험 시간에 마음이 안정됐어.

신앙

기도가 이루어져 병이 나았어.

그 관념이 '작용'할지 어떨지가 진리의 기준이 된다

예를 들어 신앙처럼 만인이 받아들일 수 있는 것이 아니어도 본인이 살아가는 데 도움이 된다고 생각하면 그것은 하나의 진실로 생각할 수 있다. 단, 제임스는 초상현상※에 관해서는 '의심하는 사람까지 믿기에 충분한 근거는 없다'고 발언했다.

※초상현상(超常現象) : 일상의 경험이나 논리로는 풀이할 수 없는 초자연적인 현상.

슬퍼서 우는 것이 아니라 울기 때문에 슬픈 것이다

신체의 반응에 감정이 좌우된다

제임스가 심리학자로서 주장한 학설. 인간의 감정도 결과로부터 유도되는 것이라고 주장한다. 감정은 그 원인을 지각함으로써 일어나는 신체적 변화를 체험하는 것이라고 했다.

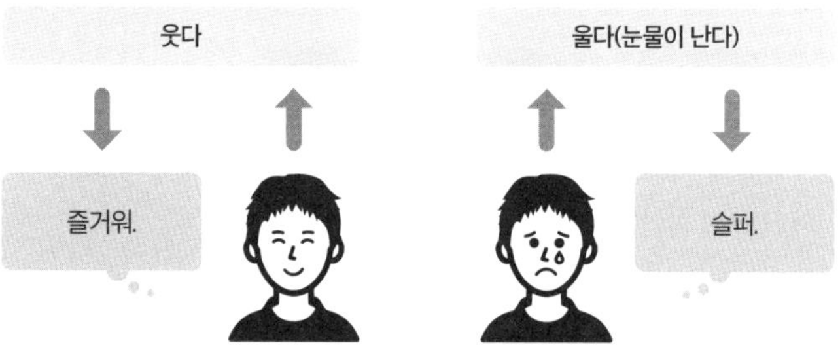

슬픔과 기쁨이라는 감정은 먼저 신경 흥분이 일어나고,
그에 따라서 일어나는 신체적 변화를 체험하는 것이라고 생각했다.
즉, 우는 것으로 비로소 슬픔을 체험할 수 있다는 것이다.

자유로운 가정에서 성장해 학교 교육을 받지 않고 자란다

뉴욕에서 태어난 제임스는 유소년기를 유럽 각지에서 보냈다. 종교가인 아버지는 틀에 박힌 교육을 싫어했는데, 아버지의 방침에 따라 제임스는 정규 학교 교육을 받지 않았다. 19세에 하버드 대학에 입학해 의학을 공부한다. 나중에 심리학으로 전향, 실험심리학에도 큰 공헌을 했다.

사상의 배경

남북전쟁에서 이데올로기 대립의 해결을 시도하다

미국 남북전쟁은 노예제도를 둘러싼 이해 대립이 원인이라고 생각하는데, 이데올로기(p.249) 대립의 결과로 일어난 전쟁이라는 면도 있었다. 프래그머티즘은 새로운 진리의 기준을 확립해 이데올로기 대립 자체를 해결하려고 했다.

Sigmund **Freud**

지그문트 프로이트

1856~1939 / 오스트리아 / 정신분석학

정신분석학의 창시자. 심리요법의 기초를 만들어냈으며 그 과정에서 '무의식'을 발견했다. '이성'을 절대시한 철학 세계에 큰 충격을 주었다.

주요 저서

『정신분석입문』『자아와 이드』『꿈의 해석』

인간의 행동은 무의식에 지배된다.

인간의 마음은 '원초아(id)' '자아(ego)' '초자아(superego)'의 3가지 영역으로 이루어졌고 무의식이 그것을 통제한다고 했다.

KEYWORD

무의식

인간의 행동은 무의식에 규정된다

그전까지 인간의 의식과 행동은 이성으로 통제할 수 있다고 여겨졌다. 그러나 프로이트는 대부분의 인간의 행동은 이성이 미치지 않는 무의식의 영향을 받는다는 생각을 제시했다.

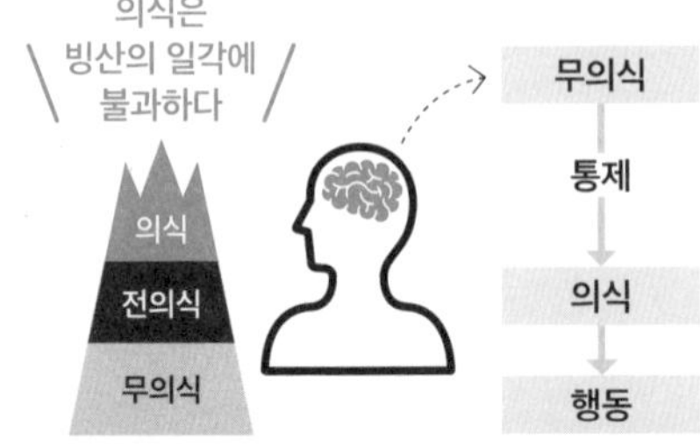

프로이트의 생각

인간의 행동 원리는 무의식에 있어서 어릴 적 원체험과 잊어버린 기억 등도 의식에 영향을 준다고 했다.

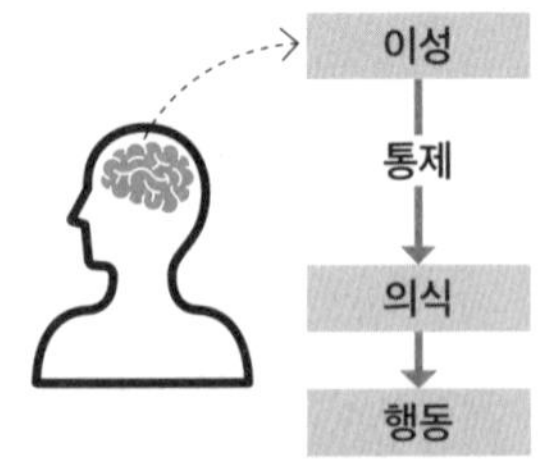

데카르트의 생각

방법적 회의를 통해 자아를 발견하고 선천적으로 갖추어진 이성이 인간을 지배한다고 생각했다.

원초아·자아·초자아

인격은 3가지 요소로 구성된다

프로이트는 인간의 마음은 3가지 영역으로 구성된다고 했다. 후천적으로 심어진 도덕적 관념인 '초자아'와 무의식적 충동인 '원초아', 그리고 이 둘의 균형을 잡아주는 것이 '자아'다.

초자아(슈퍼에고)

어쨌든 일은
해야 해.

무의식적인 도덕관념. 어릴 적, 부모 등의 가치관을 통해 형성된다.

원초아(이드)

일하지 않고
빈둥거리고 싶다

무의식적으로 인간을 지배하는 쾌락에 대한 충동.

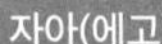

자아(에고)

제 시간에 출근했다가
끝나자마자 집에 오자.

현실의 상황에 맞춰 원초아와 초자아를 통제한다.

일상생활에서 억압된 욕구와 꿈의 관계성을 분석

당시에 꿈은 무의미한 현상으로 다루어졌는데, 프로이트는 꿈의 원인을 정신 상태와 관련지어 많은 꿈을 모아서 꿈의 의미와 그것이 생겨나는 구조를 연구했다. 꿈을 통해 심층심리를 해독하는 저서 『꿈의 해석』을 집필했다. 프로이트에 따르면, 꿈은 일상에서 억압된 욕망을 충족시키기 위해 생성된다.

사상의 배경

정신과 의사로서 최면술에 심취해 무의식의 존재에 주목한다

정신과 임상의로 활약한 프로이트는 환자 치료에 최면술을 도입해 환자의 마음에 떠오르는 것을 자유롭게 말하게 하고 그것을 계기로 증례의 이면에는 본인이 의도하지 않은 의식(무의식)이 존재한다는 것을 깨닫는다. 그 후 무의식의 존재를 기반으로 한 정신분석학을 확립하게 된다.

Edmund **Husserl**

에드문트 **후설**

1859~1938 / 독일 / 현상학

'현상학'의 시조. 현상학을 인식의 기초를 해명하는 학문으로 규정하고 의미와 가치에 관한 인식에 대해서도 보편적인 근거를 밝히려 했다.

영향을 받은 철학자

데카르트(p.182)

주요 저서

『현상학의 이념』

사태 그 자체로!

(Zu den Sachen selbst)

'나'의 의식 위에 나타나는 사상(사태)의 배후에, 그 현상을 가능하게 하는 '진리'를 규정하지 않는다는 현상학의 기본 정신.

KEYWORD

현상학

의식을 토대로 학문의 기초를 모색

후설은 여러 가지 학문에 근거가 되어주는 '기초(基礎)' 학문으로서 현상학을 창시했다. 그리고 인간의 의식에 나타나는 사태로부터 그 공통항(본질)을 봄으로써 모든 사람에게 공통하는 인식의 가능성을 이끌어낼 수 있다고 생각했다.

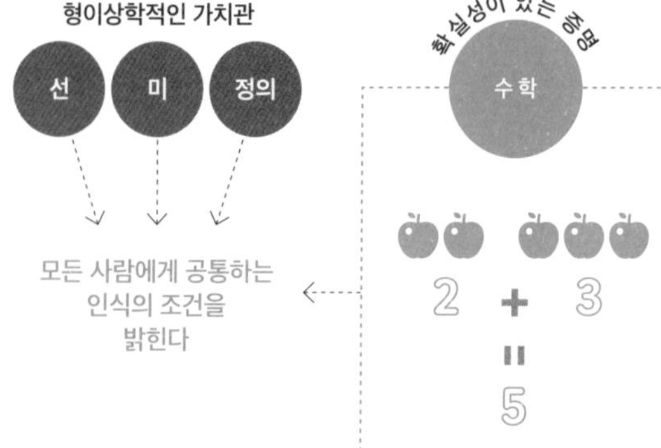

과학적인 근거를 필요로 하는 실증적 사태를 비롯해 정의, 선, 미 등의 가치관까지 모든 대상은 자신에게만 들어맞는 확신을 뛰어넘지 못한다고 생각했다. 그래서 의식에 주어진 지각 경험을 탐구함으로써 보편적인 인식의 조건을 밝히려 했다.

KEYWORD

환원

인식한 지각만을 탐구한다

인간은 자신의 의식에서 나올 수 없기 때문에 눈앞의 세계가 진실인지 아닌지 확인할 수 없다. 그래서 우선은 대상이 '존재한다'는 전제를 일단 보류(에포케, epochē)하고 의식 안에서 지식이 어떻게 형성되는지를 다시 검증한다.

이 방법은 자신과 타인 사이에 있는 선악 등의 가치관에 대한 인식의 차이도 검증하는 계기가 된다.

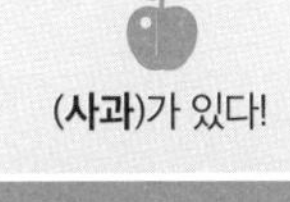

대상의 존재를 일시적으로 '괄호 안에 넣어' 보류(에포케)한다. 그리고 구체적인 모양, 깊이, 무게 등의 감각을 다시 의식 안에서 검증한다.

전시 중에 박해를 받지만 방대한 원고를 남긴다

후설은 오스트리아에서 태어난 유대인계 독일인이다. 히틀러 정권이 수립된 후에는 교수 자격 박탈과 저작 발행 금지 등 독일 국내에서의 활동에 제한을 받았다. 그러나 매일 서재에 틀어박혀 집필활동을 해 죽기 전까지 5년간 4만 5,000 페이지에 달하는 원고를 남겼다.

사상의 배경

의미와 가치에 대해서도 보편성의 조건이 있지 않을까 생각했다

후설은 수학을 연구하다 철학의 길로 들어섰는데, 철학의 진리가 철학자의 수만큼 난립하는 상황에 당황한다. 먼저, 철학의 기초에 보편적인 인식의 원리를 정해야 한다고 생각했다. 그리고 그 방법은 수학의 정리와 마찬가지로 누구나 이해할 수 있는 것이어야 한다고 했다.

Ludwig **Wittgenstein**

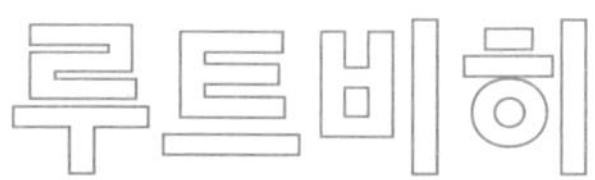

비트겐슈타인

1889~1951 / 오스트리아 / 분석철학

분석철학의 대표적 존재. 그의 철학은 언어와 세계와의 대응 관계를 밝히려 한 전기와 일상 언어의 분석과 씨름한 후기로 나뉜다.

영향을 받은 철학자

프레게※1, 러셀※2

주요 저서

『논리철학논고』『철학적 탐구』

말할 수 없는 것에 대해서는 침묵하라.

언어와 세계는 직접 대응한다. 영혼이나 신처럼 말로 할 수 없는 것에 대해 말했던 지금까지의 철학은 모두 틀렸다고 주장했다.

※1 고틀러프 프레게(Gottlob Frege). 독일의 논리학자, 철학자. 분석철학의 기초를 쌓았다.
※2 버트런드 러셀(Bertrand A. W. Russell). 영국의 수학자, 철학자. 철학자로 출발해 분석철학에 큰 영향을 주었다.

KEYWORD

언어의 그림 이론
(picture theory of language)

언어는 세계를 모사한 것

비트겐슈타인의 전기 철학. 언어는 세계를 모사하는 모델로, 모델은 정확히 모사한 것이어야 한다. 뒤집어 말하면, 영혼이나 신 같은 검증할 수 없는 것에 대해서는 언어부터 제거해야 한다.

말할 수 없는 것

신 / 영혼 / 정의 / 도덕

예 신은 존재한다
||
사실 이외에 대한 '수다'

말할 수 있는 것

예 사과가 책상 위에 있다
||
사실을 모사한다

신과 영혼, 세계의 진리….
철학이 추구해 온 직접 검증할 수 없는 형이상학적인 것들은 모두 의미가 없는 '수다'에 불과했다. 비트겐슈타인은 '말할 수 없는 것에 대해서는 침묵하라'는 말로 기존의 철학에 종지부를 찍는다.

KEYWORD

언어 게임

언어의 의미는 상황에 따라 변화해 특정할 수 없다

비트겐슈타인의 후기 철학. 모든 언어는 생활양식의 일부로, 사람들은 용법에 맞춰 의미가 정해진 언어 '게임'을 하고 있다고 했다.

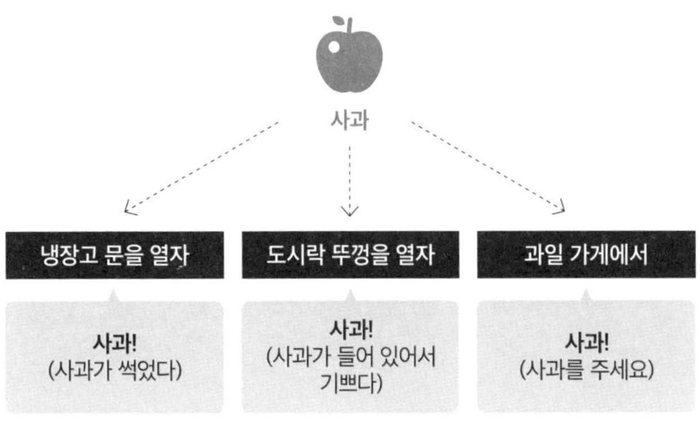
사과
냉장고 문을 열자
도시락 뚜껑을 열자
과일 가게에서
사과! (사과가 썩었다)
사과! (사과가 들어 있어서 기쁘다)
사과! (사과를 주세요)

게임은 플레이어 사이에서 같은 규칙을 공유하지 않으면 성립하지 않는다. 마찬가지로 언어도 서로 규칙이 이해되지 않으면 의사를 전달할 수 없다.

건축가로서도 정확함과 완벽함을 중시

비트겐슈타인은 누나의 부탁으로 집 설계를 맡았다. 현재까지 남아 있는 그 집은 곳곳에 대칭성과 정교한 질서가 존재하는데 특히 문에 집착한 듯, 엄밀한 상관관계가 생겨나도록 설계되었다. 정확하고 완벽한 것을 추구한 그의 성격과 미의식이 반영된 건축물이다.

사상의 배경

철학을 그만두었다가 이후 재개, 자신의 이론을 비판·발전시킨다

전기의 주요 저서 『논리철학논고』를 완성하자 '철학의 문제는 모두 해결했다'고 믿고 30세에 철학을 그만두고 교사와 정원사 생활을 한다. 그러나 10년 후, 자신의 철학에 의문을 품고 연구를 재개해 '언어 게임'의 개념을 이끌어낸다. 20세기 이후의 분석철학에 큰 영향을 끼쳤다.

Martin Heidegger

1889~1976 / 독일 / 현상학·존재론

'존재'에 연구 주제를 두고, 후설의 현상학에서 출발해 독자적인 존재론을 전개한다. 후의 실존주의 철학에 큰 영향을 주었다.

영향을 받은 철학자

후설(p.214)

주요 저서

『존재와 시간』

죽음은 뛰어넘을 수 없는 가능성

가능성에 대해 열려 있으나 한계를 갖는 인간 존재에 대한 탐구를 단서로 하여 존재 일반에 대해 탐구했다.

KEYWORD

실존

인간은 자신의 존재에 대해 생각할 수 있는 유일한 존재

자신의 존재를 문제 삼으면서 존재하는 인간의 모습. 하이데거는 일상에서 인간의 삶의 모습을 분석하는 것을 통해 새로이 존재의 의미를 물었다.

인간

관계를 갖다(교섭)

타인과의 관계성이란?

인간이란 어떤 존재인가?

||

존재자

단순히 존재하는 것. 인간의 관심과 욕망에 상관해 의미를 나타내는 '도구' 등도 포함된다.

||

현존재 (現存在, Dasein)

자신의 존재에 관심을 갖고 그것을 이해하려는 존재자. 사물의 존재 양식과는 다르다.

그때그때 욕망과 관심(걱정)을 토대로 가능성을 선택해서 다양한 사물, 타인과 관계를 맺으며 '지금·여기'를 산다.

기투
(企投/entwurf)

죽음에 대한 불안을 정면으로 응시해 자신의 본래적인 가능성을 파악한다

죽음은 인간(현존재)의 마지막으로, 경험은 할 수 없지만 최후의 확실한 가능성이라고 정의한다. 기투란, 인간의 삶에서 '죽음'의 가능성을 자각해 본래적인 삶의 방식을 지향하는 것이다.

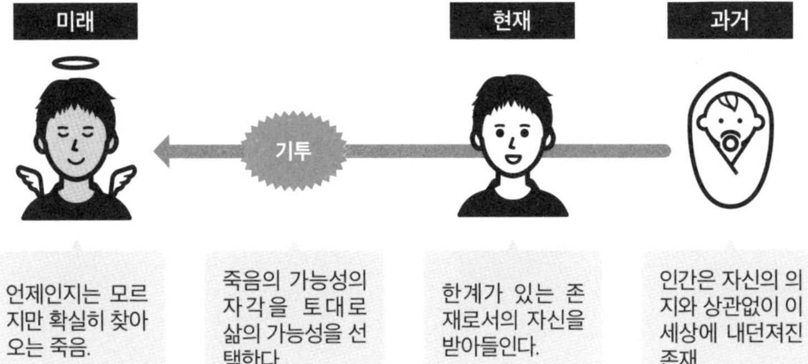

언제인지는 모르지만 확실히 찾아오는 죽음.

죽음의 가능성의 자각을 토대로 삶의 가능성을 선택한다.

한계가 있는 존재로서의 자신을 받아들인다.

인간은 자신의 의지와 상관없이 이 세상에 내던져진 존재.

인간은 좋든 싫든 세상에 내던져진 존재로서 평범한 일상의 가능성 속에서 '살고 있다'. 하이데거는 존재가 주는 죽음의 불안을 정면으로 받아들임으로써 자기 고유의 본래적인 가능성을 발견할 수 있다고 했다.

전후(戰後) 한때 추방되는데 실존철학이 크게 유행한다

나치 당원이었던 하이데거는 공적인 자리에서 나치즘을 긍정했기 때문에 전후에는 대학에서 쫓겨난다. 그러나 프랑스를 중심으로 사르트르(p.220) 등의 철학자가 하이데거 철학을 열렬히 지지한다. 그의 철학은 시대의 흐름을 타고 하나의 유행이 되어서 사회적 지위를 되찾는다.

사상의 배경

고대 그리스 철학과 문학이 기반이 된 독자적인 철학

고대 그리스 철학을 기초로 현상학에서 힌트를 얻어 존재론을 전개했다. 니체와 키르케고르, 시인 횔덜린(Hölderlin)의 저서를 애독하는 문학 청년이었기 때문인지 문체가 딱딱하고 난해하다. 대표작인 『존재와 시간』은 '현존재' 등 자신이 만들어낸 조어(造語)도 빈번히 등장해 매우 읽기 어렵다.

Jean Paul **Sartre**

장 폴 사르트르

1905~1980 / 프랑스 / 현상학·존재론

철학자, 작가. 하이데거의 실존철학에 영향을 받아 실존주의를 퍼뜨렸다. 문학가의 사회 참여를 주장하며 평화운동에도 적극적으로 관여했다.

영향을 받은 철학자

니체(p.208)
하이데거(p.218)

주요 저서

『존재와 무』 소설 『구토』

실존은 본질에 앞선다.

인간은 자신의 의지와는 상관없이 이 세상에 던져진 존재. 스스로 인생을 개척하고 본질을 찾아야 한다.

레종 데트르

(raisond'être, 존재 이유)

인간에게는 태어나면서부터 존재 이유가 주어져 있지 않다

'가위'에는 '물건을 자르는' 역할이 있듯이 모든 것에는 본래의 존재 이유가 있다. 그러나 인간에게는 태어나면서부터 이유가 주어져 있지 않기 때문에 스스로 그 의미를 찾아야만 한다.

자유

책임

불안

인간은 자유라는 형벌을 받고 있다

존재 이유

인간	가위
‖	‖
? 갑자기 존재	물건을 자르다

태어나면서 '자유'를 갖는 운명에 처한 인간은 자신의 인생을 자유롭게 창조할 필요가 있다. 그런 반면, 자유로운 판단과 행동에는 책임도 따른다. 사르트르는 개인의 행동이 개인뿐 아니라 전 인류에 대한 책임이라고 생각해 '자유라는 형벌을 받고 있다'라고 표현했다.

대자존재
(對自存在)

선택을 자유롭게 하는 입장인 인간

사르트르에 따르면, 인간은 항상 자신의 존재에 대해서 '선택'하며 실존한다. 대자존재란 '지금 있는' 현재에서 '있어야 할' 미래를 향해 항상 자신의 존재를 뛰어넘으려고 하는 인간의 모습을 나타낸다.

나	나 타인	가위
‖	‖	‖
자신의 가능성을 추구하지 않을 수 없는 '나'	'부모의 기대에 부응하고 싶다' 하는 등의 타인의 시선을 의식하는 나	물건을 자르다
‖	‖	‖
대자존재	대타존재(對他存在)	즉자존재(卽自存在)

인간은 자신에게 있어서의 존재인 동시에 타인에게 있어서의 존재이기도 하다. 타인의 시선에 의해 한정적이면서 객관적으로 인식되는 자기의 존재를 '대타존재'라고 부른다. 또, 존재 이유가 확실한 사물은 '즉자존재(卽自存在)'라고 한다.

노벨 문학상 거부, 자유로운 남녀 관계 유지 신념을 깨지 않은 인생

소설 『구토』는 세계적인 인기를 얻었다. 1964년에 노벨 문학상 수상이 결정되었으나 노벨상에는 정치적으로 편향된 경향이 있다며 수상을 거부했다. 또, 소설가이자 철학자인 보부아르와는 평생 파트너로, 혼인과 자녀를 갖는 것을 거부하며 자유로운 관계를 유지했다.

사상의 배경

철학·문학을 정치·사회와 연결한 행동하는 지식인

제2차 세계대전 후 사르트르가 호소한 휴머니즘※과 결합된 실존주의와 문학가에 의한 사회 참여(앙가주망)는 세상의 주목을 받았는데, 특히 젊은이들에게 큰 지지를 얻었다. 사르트르 자신은 공산주의 지지자가 되어 스스로도 반전, 평화운동에 적극 참여했다.

※인간성을 무엇보다 중시해 그 해방을 목표로 하는 사상.

Emmanuel **Lévinas**

에마뉘엘 레비나스

1906~1995 / 프랑스 / 현상학·존재론

후설과 하이데거에게 배운다. 자신의 유대인 수용소 체험과 유대인의 전통적 가치관을 토대로 독자적인 '타자론'을 전개했다.

영향을 받은 철학자

후설(p.214)
하이데거(p.218)

주요 저서

『전체성과 무한』『존재와 다르게—본질의 저편』

얼굴을 보는 것으로 타자에게 책임성을 가지다.

사람은 세계 속의 낯선 존재에 불과한 타인의 '얼굴'과 마주하는 것으로 타인이 '타인이란 것(타자성)'을 깨닫는다.

KEYWORD

일리야
(il y a, '~이 존재한다'는 뜻)

자신을 둘러싼 주어 없는 존재에 대한 공포

제2차 세계대전 중 나치에 의해 유대인 수용소에 끌려가게 된 레비나스. 전쟁이 끝나고 그 앞에 펼쳐진 것은 가족과 친척 대부분이 살해된 세상이었다. 그는 소중한 존재를 잃어도 여전히 존재하는 세계의 공허함을 '일리야'라고 불렀다.

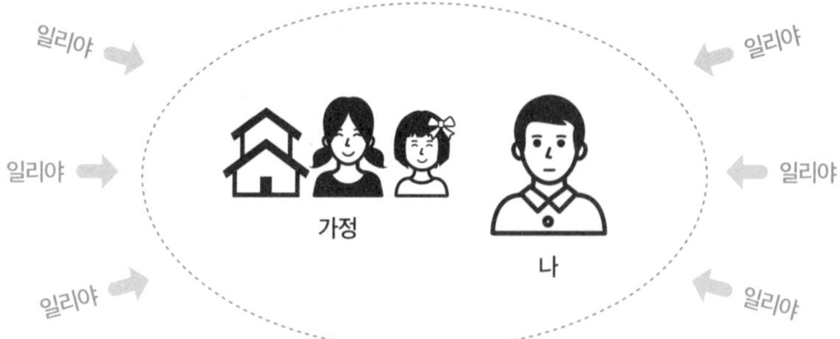

가정 등의 친밀한 공간 안이라면 일리야(공허)에 위협당하지 않지만
외부에는 여전히 일리야가 존재한다. 레비나스가 해결책을 구한 것이 '얼굴'과의 만남이었다.

얼굴

타인의 얼굴을 보는 것으로 그 존재에 책임성을 가진다

본래 '타인'은 이방인 같은 존재인데 그 '얼굴'이 자신의 에고이즘을 뛰어넘어 존재(타자성)를 호소한다. 레비나스는 거기서 타인이 존재하는 의의와 살인의 불가능성을 발견하려고 했다.

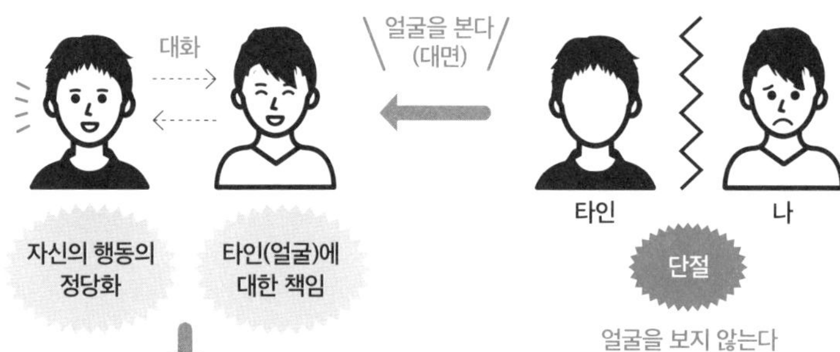

타인의 얼굴이 '죽이지 말라'고 호소한다. 그것이 인간이 타인을 다치게 해서는 안 되는 이유가 된다.

인간은 타인의 얼굴을 보는 것으로 살인을 단념한다

레비나스는 전쟁에서 너무나도 일상적으로 이루어지는 살인에 대해 '허락되는 행위일까' '가능한 일일까' 끊임없이 자신에게 질문을 던졌다. 그리고 타인의 '얼굴'에서 한 가지 답을 발견했다. 타인의 얼굴은 '죽이지 말라'는 규칙을 계속 말한다. 즉, 자신과 타인과의 관계 그 자체가 '윤리'라고 했다.

사상의 배경

가족과 친구 대부분이 강제 수용소에서 사망한다

유대인이었던 레비나스는 제2차 세계대전 중 포로로 수용되는데, 자신과 아내는 간신히 살아남았지만 가족 대부분이 사망한다. 전쟁이 끝난 후 관계의 대부분을 잃어버린 세상에서 그는 무의미하고 과잉된 존재를 느끼고 두려워한다. 그것이 '일리야' '얼굴' 등의 사고에 이르는 계기가 되었다.

Georges Bataille

1897~1962 / 프랑스 / 에로티시즘론

철학자, 작가. 도서관 사서로 근무하는 한편 헤겔, 니체 등의 영향을 토대로 독자적인 사상을 구축한다. 데리다, 푸코에게도 영향을 주었다.

영향을 받은 철학자

니체(p.208)

주요 저서

『내적 체험』『저주의 몫』『에로티시즘』

에로티시즘이란, 죽음에 이르기까지의 삶을 긍정하는 것

인간적·문화적 규칙으로 금지된 '성(性)'에 가까이 다가가 그것을 침범함으로써 인간만이 아는 삶의 기쁨을 얻을 수 있다.

소진(消盡)

비생산적인 활동에서 삶의 의미를 찾는다

원초(原初)의 인간은 자신의 노동력의 많은 부분을 석상과 신전 건축 등 정령과 신들에게 바치는 것에 소비했다. 바타유는 그것을 생산활동의 안정을 바라서라기보다 소모하는 것 자체를 목적으로 하는 소비(소진)에서 기쁨을 찾았던 것이라고 생각했다.

생산성이 전부다. 돈을 버는 것이 삶의 의미다.

노동

대가

저축

양쪽 모두 삶의 의미는 있지만…

삶의 기쁨을 위해 돈을 쓰자!

꼭 필요하지 않은 물건

지인과의 술자리

취미

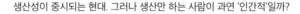

생산성이 중시되는 현대. 그러나 생산만 하는 사람이 과연 '인간적'일까?

과잉

부를 소비하는 것이 인간의 기쁨

바타유는 소비(소진)야말로 인간의 기쁨의 본질이라고 지적한다. 역사적으로 '과잉' 에너지인 부(富)는 소비되는 것이 목적이었다는 것을 제시한다. 그리고 생산과 부의 획득만을 중시한 근대 자본주의 사회를 비판한다.

중세까지는 과잉(부)은 소비되었다

근대 이후	중세	고대
자본가 등에게 부가 집중해 그것이 쓰이지 않는다.	잉여 재산은 자선활동으로 교회에 기부되었다.	왕(지배자)은 소비하는 것으로 백성의 기분에 응했다.

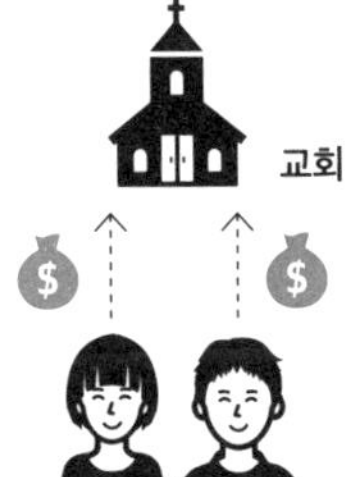

죽음과 성(性)만을 주제로 소설 집필

'죽음' '에로티시즘' '금지' '침범' 등을 주요 주제로 한 소설을 집필했다. 『눈 이야기』 『에드와르다 부인』 『하늘의 푸른빛』 등의 소설은 후에 주요 저서 『에로티시즘』에 의해 이론적으로 보완된다.

사상의 배경

파시즘의 대두로 근대사회에 뿌리내린 억압을 보다

1930년대 유럽 사회는 대공황에 따른 자본주의 사회의 파멸을 시작으로 국가주의와 파시즘이 대두한다. 바타유는 불황으로 노동자(대중)들이 '생산성' '유용성'을 중시하는 자본주의 사회로부터 배제되어 파시즘이 그들의 불만의 도피로가 되었다고 분석한다.

Hannah Arendt

한나 아렌트

1906~1975 / 독일

미국의 정치 사상가로 독일 출신의 유대인. 대중이 나치즘과 스탈리니즘 등에 흡수되는 과정을 분석해 전체주의(p.109)를 날카롭게 비판했다.

영향을 받은 철학자

하이데거(p.218)

주요 저서

『전체주의의 기원』『인간의 조건』

인간이 살아가는 3가지 근본 활동은 '노동(labor)' '작업(work)' '행위(action)'

아렌트는 인간의 기본적인 행동을 노동·작업·행위로 구분해 분석한다. 인간만이 갖는 창조적이고 자유로운 행위에 주목했다.

KEYWORD

인간의 조건

자유로운 '행위'야말로 인간다움

'노동'은 생명을 유지하기 위해서 필요한 행동. '작업'은 창조적인 제작 등의 분야이고, '행위'는 공동체의 일원으로 사는 것이다. 아렌트는 근대화에 따라 인간의 본질인 '작업' '행위'의 가치가 상실되고 있다고 경고했다.

	노동	작업	행위
의미	인간의 필요성(최저한의 의식주)을 채우기 위해 일하는 것.	제작 활동으로 작품을 만들어 내는 것.	각자의 고유성과 독자성을 인정한 상태에서 성립하는 언론 행위.
근대 이전	수렵채집과 농사를 지었다.	오랜 시간에 걸친 숙련을 필요로 했다.	인간관계를 구축하는 원점이 되었다.
현대	도구의 개선과 기계의 등장으로 몸을 움직여 일할 필요(노고)가 줄었다.	도구의 개선과 기계의 등장으로 누구나 똑같은 것을 생산할 수 있게 되었다.	생산성이 없는 쓸데없는 행위로 기피된다.

노동의 고통으로부터 자유로워지려는 동기가 사라졌다.

인간이 단순히 기계를 조작하는 인형이 된다.

노동에 의한 생명 유지만이 인간의 목적이 된다.

'여가'의 본래 목적은 사회 참여

고대 그리스인들은 노예제로 인해 날마다 해온 노동으로부터 해방되었다. 그들은 공적인 자리를 중시하고 그 여가 시간을 사회 전체의 개선과 발전을 위해 활동했다. 현대인들은 여가를 노동을 위한 재생산(소비활동)에 할애하기 때문에 공적인 인간으로서 살 수 없게 되었다.

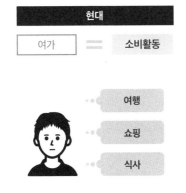

현대

여가 = 소비활동

사회는 정치가 등의 제한된 사람에게 맡겨지고 개인의 관심은 소비로만 향한다.

고대 그리스

여가 = 활동

사장
공적 공간
회사원
주부
학생

개인이 공적 공간에 나타나서 사회 운영에 참여하는 것이야말로 인간 본래의 자유다.

미국 망명 후 본격적인 집필 활동 시작

유대인인 아렌트는 나치즘이 대두하자 독일을 떠나 미국으로 망명한다. 귀화한 이후 본격적으로 집필 활동을 시작해 미국을 대표하는 지식인 중 한 명이 되었다. 아렌트의 저서는 결코 읽기 쉽지 않은데, 모국어인 독일어가 아니라 영어로 쓰였기 때문이라는 것도 이유 중 하나일 것이다.

사상의 배경

기술이 발전한 공업화 사회에 대한 위기감

산업의 기계화로 인간은 '노동'의 고통에서 해방되어 '작업' '행위'로 향하는 동기부여를 유지하기 어려워졌다. 또, 대량생산 시대에서 사람들의 관심은 소비생활로 향하고 개인으로서 사회와 관계하지 않게 된다. 아렌트는 그것을 공적인 활동을 동반한 인간 본래의 생활(활동적 생활)의 포기라고 생각했다.

Claude **Lévi-Strauss**

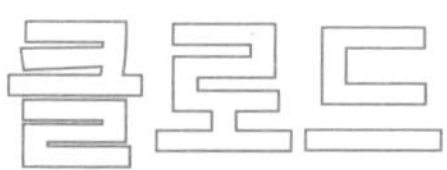
클로드

레비스트로스

1908~2009 / 프랑스 / 구조주의

문화인류학자. 친족과 신화의 구조분석을 통해 구조주의 인류학을 확립. 기행문이기도 한 『슬픈 열대』가 화제가 되어 세상에 구조주의를 퍼뜨렸다.

주요 저서

『슬픈 열대』『야생의 사고』

세계는 인간 없이 시작되었으며, 인간 없이 끝날 것이다.

저서 『슬픈 열대』에 나오는 말. 문명은 인간의 의지가 아니라 고유의 구조에 따라 구성되는 것으로 세계를 조감한다.

KEYWORD

구조주의

사회의 구조를 토대로 개인의 가치관이 존재한다

사회 문화의 밑바탕에서 사회를 구성하는 사람들도 자각하지 못하는 구조를 끄집어내는 분석 방법. 레비스트로스는 근대의 서양문명을 인류 문화 전체 속에서 다시 보려고 시도했다.

사회의 구조 위에
개인의 자유가 있다
개인에게는
자유가 있다
그 전까지의 서양철학
사회의 구조

구조주의는 실존주의를 비롯한 서양철학이 중시한 '주체'와 '인간'을 부정한다. 반면, 인간 사회 전체의 근본에 존재하는 '구조'에 주목함으로써 서양뿐 아니라 세계 전체를 조감하는 시선을 획득한다. '인간'에 대한 새로운 인식을 얻으려고 했다.

KEYWORD

무의식의 구조

사회에는 무의식의 질서가 존재한다

인류학과 언어학을 이용해 인간의 의식과 주체성에 무의식의 질서가 선행한다고 주장했다. 그리고 브라질 등의 원주민에 대한 조사를 근거로 미개하다고 여겨졌던 사회에도 혼인제도를 비롯해 엄밀한 질서를 토대로 한 구조가 존재한다는 것을 제시했다.

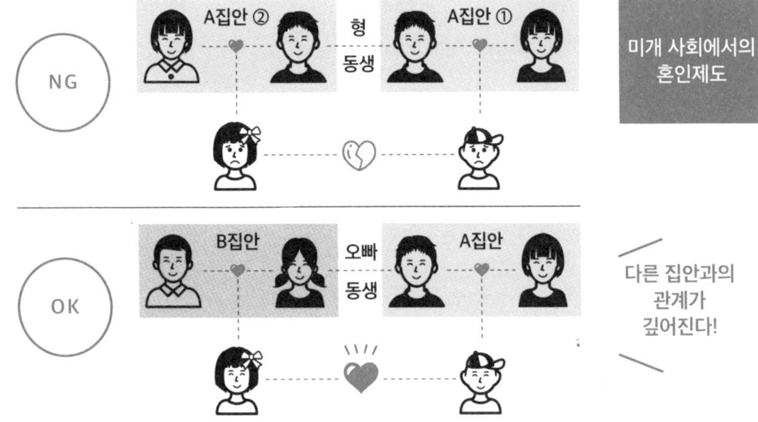

근친상간을 금지하는 배후에는 '여성의 교환'이라는 구조가 세계적으로 존재한다. 여성은 같은 부계 그룹 내에서의 결혼이 금지되어 다른 그룹의 남성과 결혼해야 한다. 이런 이유로 다른 그룹 간의 소통이 이루어져 사회가 유지된다.

'역사'를 중시하는 사르트르와 대립

레비스트로스와 옛 친구 사이인 사르트르(p.220)는 당초 그를 지지했다. 그러나 인간적 주체가 만들어내는 역사(주로 서양사)의 필연성과 마르크스주의를 긍정하는 사르트르에게 사회의 모습을 역사와 분리해 무의식하의 구조로 향한 구조주의는 받아들일 수 없었고 결국 논쟁으로 발전한다.

사상의 배경

서양 중심주의의 침체를 예감

『슬픈 열대』가 발매된 1955년, 유럽에서는 제국주의와 식민지 지배의 시대가 끝나고 마르크스주의가 지향했던 이상도 현실성을 잃고 말았다. 구조주의는 모든 인류에 공통하는 문화의 모습을 통해 서양 문화 중심주의에 의문을 드러내 신시대의 사상으로서 사람들에게 받아들여졌다.

Michel **Foucault**

미셸 푸코

1926~1984 / 프랑스 / 포스트모던 사상

포스트모던 사상을 대표하는 사상가. 역사상의 방대한 자료를 토대로 근대사회의 제도와 구조에 보편성이 없음을 밝히려 했다.

영향을 받은 철학자

벤담(p.200)
레비스트로스(p.228)

주요 저서

『말과 사물』『광기의 역사』『감옥의 탄생』

인간의 종언은 멀지 않다.

근대의 언어학과 생물학 등이 만들어낸 '인간'이라는 이미지에 보편성은 없고 우연히 성립한 것에 불과하다.

KEYWORD

에피스테메
(epistēmē, 인식 틀)

시대의 인식을 형성하는 '인식 틀'

인간은 각 시대의 '에피스테메'(인식 틀)를 기반으로 세계를 인식한다. 푸코는 근대의 제도와 구조도 시대의 흐름 속에서 나타난 하나의 상태에 불과할 뿐 절대적인 근거는 존재하지 않는다는 것을 밝히려 했다.

?????

누구를 사랑할 지는 자유다
신은 죽었다!

동성애 금지
신은 절대적이다

미래

앞으로의 가치 기준은 미지수

현대

가치관에 보편적인 근거는 존재하지 않는다

근대 이전

사회 전체에 침투했던 가치관

KEYWORD

삶의 권력

삶의 방식을 방향 짓는 현대의 권력

현대사회를 갖가지 규칙과 세칙의 지배를 받아 사람들이 서로를 감시하는 사회라고 비판. 규칙 위반이 죽음으로 이어지는 근대 이전의 '죽음의 권력'과 비교해 '삶의 권력'이라고 정의했다. 또 그 모습을 벤담이 고안한 교도소 '파놉티콘'에 비유했다.

집단 감시 시스템
파놉티콘

벤담

효율적으로 수감자를 감시하기 위한 원형 수용소.

푸코

권력이 삶의 구석구석까지 들어와 있는 것에 비유했다.

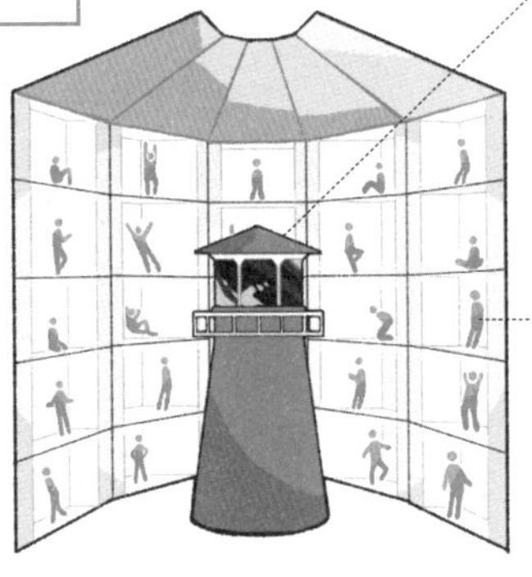

※원형 수용소 파놉티콘 단면도

감시실

불 꺼진 감시실 안에서 감시자가 수감자를 감시한다. 수감자는 감시자가 보이지 않기 때문에 실제로는 감시자가 있든 없든 상관없다.

수감자

감시자가 없어도 늘 감시받고 있다고 생각할 수밖에 없어 저절로 규칙에 따라 생활하게 된다.

자신도 동성애자로서 고뇌

동성애자로 알려진 푸코는 그 성적 지향 때문에 고민하다가 자살을 시도하기도 했다. 그리고 다수파의 '상식'이 규칙을 만드는 데 기초가 되는 근대사회에서 소수파의 의견이 억압당한다고 생각해 사회운동에 참여하는 등 개인의 행복이 실현되는 사회에 대해 고뇌했다.

사상의 배경

근대사회의 새로운 모순과 그것이 초래하는 폭력과 억압을 지적

푸코는 구조주의의 생각을 이어받아 인간의 '지(知)'의 세계를 구성하는 무의식의 구조에 대해 주목한다. 그것을 에피스테메라 부르며 역사에서 지(知)의 구조를 밝히려고 했다. 그 결과 '이성'을 중심으로 구성된 근대사회가 '광기'와 '동성애' 등을 격리 대상으로 정하고 배제했다고 비판한다.

Gilles **Deleuze**

질 들뢰즈

1925~1995 / 프랑스 / 포스트모던 사상

전통적인 형이상학을 비판하고 '리좀' '노마드' 등의 개념을 제시했다. 푸코(p.230)와 깊이 교류했으며 정신과 의사 펠릭스 과타리와의 공저도 다수 있다.

영향을 받은 철학자

스피노자(p.184)
니체(p.208)

주요 저서

『차이와 반복』『유목적 사유(Nomad Thought)』

존재하는 것은 '차이'뿐이다.

하나의 가치관으로 체계화된 철학이 아니라 다양한 가치관이 혼재하는 '리좀'의 개념을 통해 보편성의 개념을 비판한다.

KEYWORD

리좀(rhizome)

가치관을 고정하는 체계는 위험하다

들뢰즈는 '리좀(뿌리줄기)'이라는 단어로 다양한 것이 서열화·체계화되지 않고 같은 위치에 존재하는 모습을 표현했다. 통일된 가치관 없이 차이만이 존재한다는 이미지.

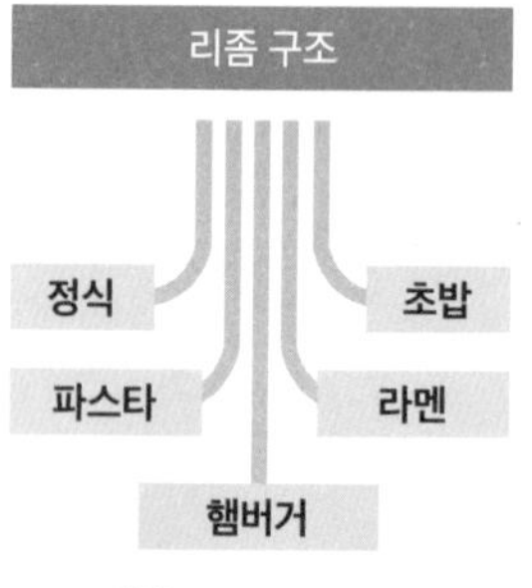

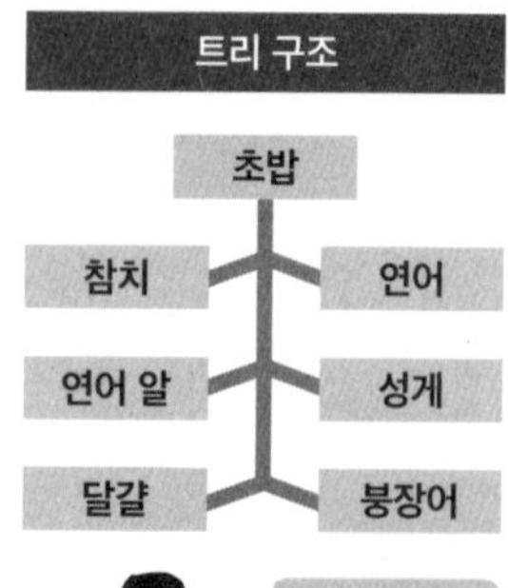

헤겔의 변증법(p.61) 등으로 대표되는, 하나의 진리에 바탕을 두는 종래의 서양철학에서는 그 가치관에서 벗어난 것은 제외되어 버린다(트리 구조). 그러나 다양한 것이 동렬(同列)로 존재하는 리좀 구조라면 모든 가치관은 병존한다.

노마돌로지 (Nomadology, 노마드)

사는 것을 통해 유동적으로 삶의 목적을 정해 간다

들뢰즈가 과타리와의 공저 『천 개의 고원』에서 주장한 유목민적 생활의 복권을 지향하는 사상. 다양한 분야와 자리를 넘나들며 활동함으로써 새로운 가능성을 실현하는 생활방식.

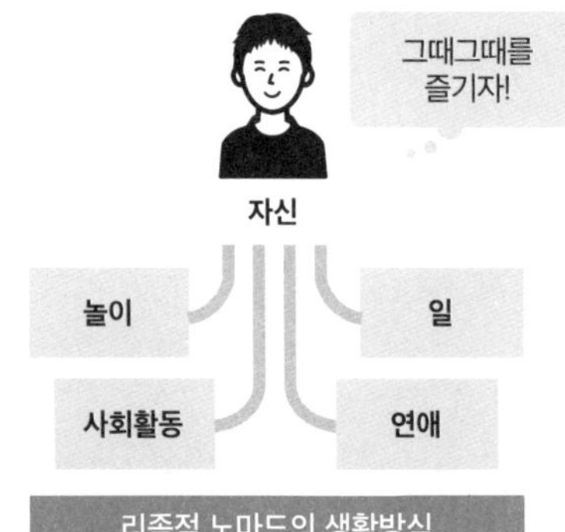

리좀적 노마드의 생활방식

인생의 목적은 그때마다 우연한 만남 속에서만 존재한다.

트리적 생활방식

굳어진 가치관에 얽매인 삶

노마드적 생활방식을 꿈꿨으나 자신은 평생 프랑스에서 보낸다

저서에서는 노마드적인 생활방식을 장려했지만 자신은 프랑스 토박이였다. 파리의 소르본 대학에 진학해 니체와 스피노자의 해석을 시작으로 철학의 길로 들어선다. 교수가 된 후에는 동료였던 푸코와도 돈독한 교류를 나눈다. 평생 파리를 떠난 적이 거의 없었다고 한다.

사상의 배경

'새로운 개념을 만들어내는' 것이 철학의 역할

들뢰즈는 철학을 '새로운 개념을 만들어내는 것'이라고 정의했다. 사람들의 사물에 대한 관점과 사고방식을 바꾸는 것이야말로 철학자의 역할이라고 생각했다. 그 관점에서 기존의 서양철학과 자본주의 사회를 정신분석과 마르크스주의 사상을 도입해 독자적으로 다시 풀어내려 했다.

Jacques Derrida

자크 데리다

1930~2004 / 프랑스 / 포스트모던 사상

보편성과 객관성을 부정하는 포스트모던 사상의 흐름 속에서 서양철학에서의 절대적인 진리를 그 전제부터 뒤집는 '탈구축'을 시도했다.

영향을 받은 철학자

후설(p.214)
레비스트로스(p.228)

주요 저서

『목소리와 현상』

차연(差延, 차이와 시간적 지연)

말을 정확히 전달하는 것은 불가능하다. '지금'이라고 말한 순간 지금이 지나가듯이 그 의미는 항상 차이를 동반할 수밖에 없다.

KEYWORD

탈구축

서양철학에서의 이항 대립의 가치관을 부정

데리다는 언어학을 통해 이항 대립(二項對立, 철학에서 한 쌍을 이루는 두 요소 간의 대립구조)을 바탕으로 하는 형이상학의 가치관을 부정, 해체를 시도한다. 플라톤과 후설의 텍스트를 해독하고 동시에 그 이론의 불가능성을 지적했다.

이항 대립의 가치관

저자	구어체	남성적	서양적	선	우수함
독자	문어체	여성적	동양적	악	열등함

탈구축

예

성적 소수자 여성 남성

'남성적/여성적' '서양적/동양적' 등의 이항 대립에서의 우열을 해체해, 거기서 비어져 나온 타인을 지적하는 것으로 억압해왔던 사회의 모습을 부정한다.

KEYWORD

작자의 죽음※

※프랑스의 철학자 롤랑 바르트(Roland Barthes)의 논문 제목. 같은 시기에 데리다도 같은 의견을 제시했다.

말하는 쪽의 말과 그것을 듣는 쪽의 해석이 반드시 일치한다고는 할 수 없다

말은 표현한 사람의 의식에서 완전히 분리된다는 것을 표현한 비유. 말의 의미는 그 상황에 맞는 해석에 맡겨져 변화해서 근본적으로 정확한 규정은 존재하지 않는다고 말한다.

예를 들면 '대박'이라는 말도 다양한 의미를 가져 표현한 사람의 의도와는 다르게 전달될 수 있다.

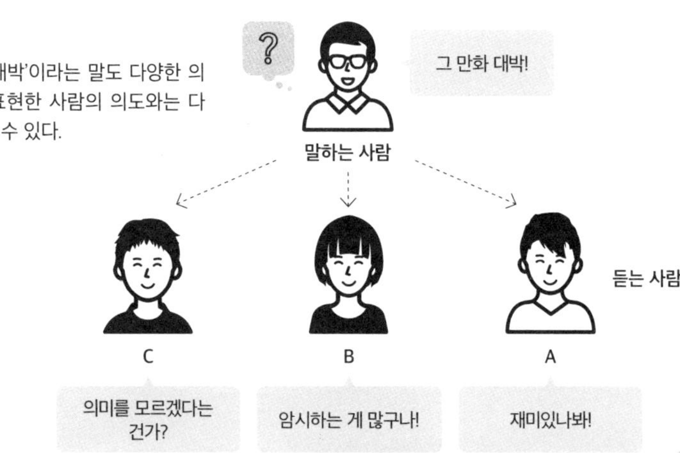

텍스트론으로서 문학 비평에도 영향을 준다

텍스트론이란, 문장에서 작자의 의도를 이해하는 것은 부자연스러운 일로, 어디까지나 문장 자체를 읽어야 한다는 사상이다. 데리다도 작자는 기존의 언어 속에서 타당한 단어를 고르는 것에 불과하며 '말하고 싶은 것'(진리)을 정확히 언어로 모사하는 것은 불가능하다고 주장하며 그 이론을 옹호했다.

사상의 배경

유일한 진리를 제시하려 한 마르크스주의에 대한 반발

포스트모던 사상의 배경에는 유일한 '진리'를 제시하려 했던 마르크스주의의 세계관이 스탈린주의※와 결합됐다는 생각이 있다. 데리다는 애당초 진리가 존재할 수 없다는 것을 논리적으로 증명해 '보편성'의 개념으로 억압하는 사회의 가치관을 부정했다.

※구 소련에서의 스탈린 독재 체제를 말한다. 과도한 개인 숭배, 대숙청 등의 정책이 비판받았다.

John Rogers **Searle**

존 로저스 설

1932~ / 미국 / 심리철학

언어철학, 심리철학 전문이다. '중국어 방'이라 불리는 사고실험을 통해 컴퓨터가 의사를 갖는다는 인공지능의 가능성을 부정했다.

주요 저서

『언어행위(Speech Acts)』
『지향성』

생물학적 자연주의

설 자신의 입장. 인간의 모든 의식이 뇌의 활동을 통해 물리적으로 만들어지는 것은 신경생물학적으로 분명하다고 했다.

중국어 방

컴퓨터는 지능을 갖지 않는다

컴퓨터가 지능을 갖는다고 암시한 튜링 테스트※에 대해 '중국어 방'이라는 논리로 반론. 컴퓨터가 지능이 있는 것처럼 답을 했어도 매뉴얼에 따른 것일 뿐 지능이 있는지는 확실하지 않다고 했다.

※디스플레이나 키보드 없이 컴퓨터와 인간에게 몇 가지 질문을 하여 어느 쪽이 컴퓨터인지 알아맞히는 테스트.

영국인

영어로 쓰인
매뉴얼

중국어로
대답

방 안에는
중국인이 있다!

중국어를 모르는 영국인도 영어로 쓰인 매뉴얼대로 하면 중국어 질문에 답할 수 있지만 중국어를 이해하는 것은 아니다.

중국어로
질문

KEYWORD

생물학적 자연주의

감정은 뇌과학으로 설명할 수 없다

설은, 의식은 뇌와 중추신경에서 물리적으로 발생하는 것으로, 소화활동과 똑같이 생명을 유지하는 활동의 일환이라고 생각했다. 반면, 감정 등의 주관적인 의식을 물리적으로 말하는 것은 불가능하다고 했다.

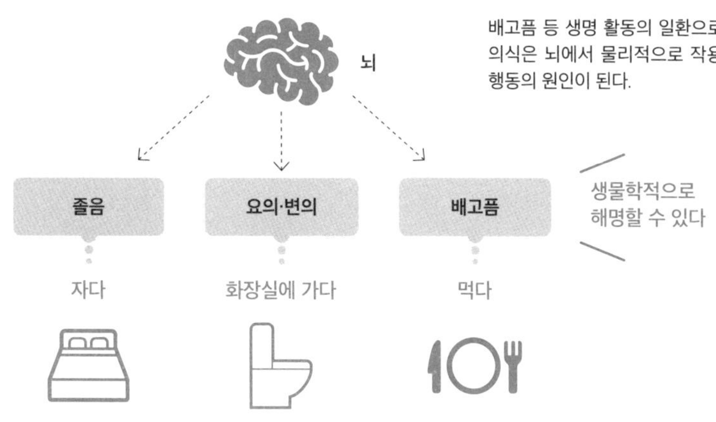
뇌
배고픔 등 생명 활동의 일환으로서의 의식은 뇌에서 물리적으로 작용하여 행동의 원인이 된다.
졸음
요의·변의
배고픔
생물학적으로 해명할 수 있다
자다
화장실에 가다
먹다

인공지능에 대한 비판으로 '중국어 방'의 사고실험을 제안

로봇에 마음(지능)이 있는지 판정하는 '튜링 테스트'를 부정. 인공지능은 '중국어 방'에 있는 영국인과 같아서 자신의 행위를 이해한다고는 말하기 어렵다고 했다.

사상의 배경

심리철학에서의 '물리주의'에 관한 부정

의식과 감정은 착각이라는 '물리주의'(p.238)의 생각을 부정. 생명 현상의 하나인 의식(기능적 의식)은 생물학으로 설명할 수 있다고 생각했다. 반면, 감정을 비롯한 주관적인 의식(현상적 의식)은 확실히 존재하지만 그 원리를 물리적으로 설명하는 것은 불가능하다고 했다.

Paul Churchland

처칠랜드

1942~ / 캐나다 / 심리철학

뇌과학적인 견지에서 심리철학을 연구. 철학적·심리적 영역인 의식(마음)도 언젠가는 모두 과학적으로 설명할 수 있다는 '소거주의'를 주장한다.

주요 저서

『마음의 가역성과 실재론 Scientific Realism and the Plasticity of Mind』『인지철학-뇌과학에서 마음의 철학으로The Engine of Reason, The Seat of the Soul: A Philosophical Journey into the Brain』

소거주의(消去主義)

설(p.236)의 생물학적 자연주의에 대해 '정신' '신념' '욕구' 같은 의식의 상태도 과학으로 설명이 가능하다고 했다.

KEYWORD

물리주의

세계의 모든 현상은 물리적으로 증명할 수 있다

물리적인 사물만 존재로 인정하는 사고방식. '가치' '의미' 등의 개념을 포함해 모든 사물의 물리적인 증명을 시도한다. 그 결과, 마음과 물리적인 물질의 관계를 연구하는 '심리철학'이 발전한다.

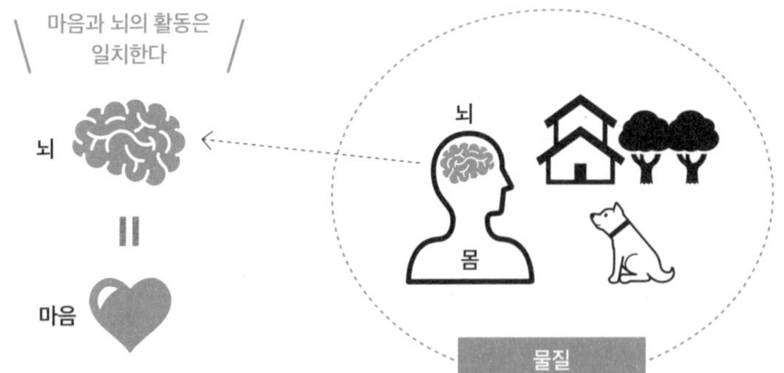

'심리철학'에서는 감각과 정신, 마음 등의 실재를 부정한다. 인간의 마음의 움직임도 일반적인 물질과 마찬가지로 모두 물리적으로 설명할 수 있다고 주장한다.

소거주의

마음과 의식 상태는 모두 뇌의 신호로 대치할 수 있다

신경과학의 발달로 '마음'이라는 개념 자체가 소멸한다는 사고방식. 희로애락의 감정은 모두 뇌의 신호를 나타내는 과학의 언어로 대치할 수 있어서 '마음'은 존재하지 않게 된다는 가설.

미래

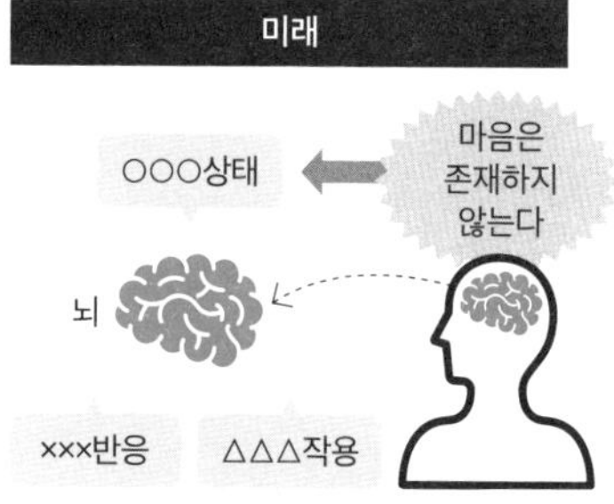

'마음'은 존재하지 않고 인간이 느끼는 것은 모두 뇌의 작용으로 대치할 수 있다.

현재

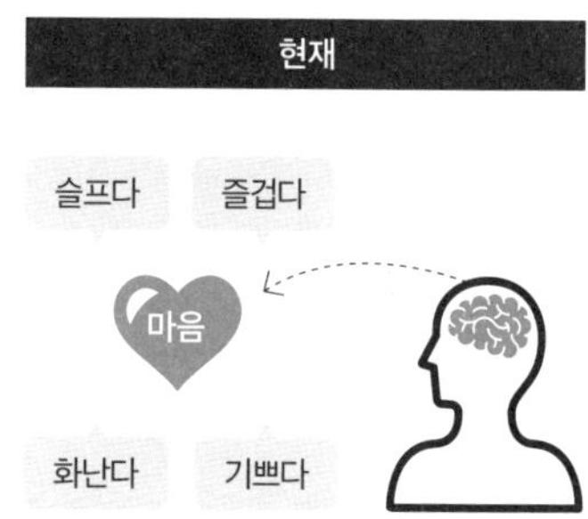

희로애락을 비롯해 '정신' '신념' '욕구' 같은 마음의 상태가 존재한다.

'신념' '감각' 등의 단어도 언젠가 사라진다?

과학의 발전과 함께 천동설이 지동설로 바뀌었듯이 신경과학의 발전으로 현재의 상식은 바뀔 수 있다. 처칠랜드는 '신념' '욕구' 등의 마음의 작용을 나타내는 단어를 비롯해 '마음'이라는 단어 자체도 언젠가는 과학적인 용어로 대치되고 그 개념은 소멸한다고 주장한다. 그러나 그에 따른 근거는 없고 다른 학설과 대립하고 있다.

사상의 배경

과학기술의 발전을 배경으로 마음의 상태를 과학적으로 고찰한다

물리주의는 데카르트(p.182)를 발단으로 하는 심신 문제에 대한 주장의 하나다. 20세기 중반부터 '심리철학'으로 영국과 미국을 중심으로 전개된다. 처칠랜드는 인간의 자아와 뇌신경의 네트워크를 연결해 뇌과학적인 견지에서 인간의 정신을 분석하려고 시도했다.

알아두면 도움이 되는 일본의 철학자들

에도 시대(1603~1867) 이전의 일본 사상은 불교와 유교의 영향을 크게 받았다. 메이지 시대(1868~1912)에 니시 아마네가 서양철학을 들여와 퍼뜨렸다.

니시다 기타로 西田幾多郎 1870~1945

철학에 동양사상을 융합시킨다

서양철학에 동양사상을 융합시킨 독자적인 철학을 전개. 가족의 불행으로 인한 힘든 경험을 극복하려고 철학을 연구하는 한편 선(禪)에 심취한다. '순수경험' '절대모순적 자기동일' 등의 다양한 개념을 만들어내면서 '니시다 철학'을 수립했다.

사상 '아름다운 경치에 넋을 잃는 순간' '무언가에 몰두하는 순간'처럼 마음에 생기는 망아(忘我)의 지경을 주관(자신)과 객관(대상)의 일체라는 '순수경험'이라고 정의한다. 또, 모두를 감싸는 '절대무(絶對無)'의 존재를 자각함으로써 세계의 모든 모순된 것이 공존할 수 있다는 '절대모순적 자기동일'의 개념을 만들어낸다.

와쓰지 데쓰로 和辻哲郎 1889~1960

일본 사상사의 연구가 기반이 되다

키르케고르(p.206), 니체(p.208)의 연구에서 출발. 하이데거(p.218)의 해석을 통해 『인간학으로서의 윤리학』을 저술한다. 다이와(大和, 나라현)의 땅을 방문한 여행기 『고사순례(古寺巡禮)』 등 문화사적인 연구에도 뛰어난 성과를 올렸다.

사상 일본 사상사의 연구를 기반으로 구축된 와쓰지 윤리학. 인간을 개인과 사회의 양면성을 겸비한 '사이(間柄)적 존재'로 정의한다. 자기 긍정(개인의 의지)과 자기 부정(사회와의 협조)의 반복이 진짜 인간성을 만든다고 생각했다.

니시 아마네 西周 1829~1897

서양철학을 일본에 들여온다

일본 최초의 서양철학자. 에도 시대 후기, 막부 유학생으로 네덜란드로 건너가 밀(p.202)의 공리주의와 콩트(Auguste Comte)의 사상에 영향을 받는다. '철학'이라는 번역어 외에 주관, 객관, 개념, 이성, 정의, 명제 등 많은 철학 용어를 번역했다.

구키 슈조 九鬼周造 1888~1941

일본 고유의 미의식에 주목

1922년부터 유럽에서 유학. 하이데거(p.218) 등에게 가르침을 받았고 귀국 후 일본 문화 분석을 통해 실존철학의 새로운 전개를 시도했다. 일본 고유의 미의식인 '粋(이키, 세련미)'를 분석한 『이키의 구조』는 그의 대표적인 저서다.

사상 에도 시대에 만들어진 '이키'라는 미의식을 현상학으로 파악하려고 했다. 이성을 끌어당기는 '교태'와 무사도 정신을 나타내는 '기개', 불교의 무상관(無常觀)과도 닮은 '포기'를 내포한 것이 '이키'라는 개념이라고 생각했다.

일본 철학은

일본적 사상과 서양철학과의 융합을 모색

일본어에는 원래 philosophy에 대응하는 말이 없었다. '철학'은 니시 아마네가 번역한 말이다. 메이지 시대에 서양철학이 일본에 들어오자 일본적인 사상·종교의 사고방식을 서양철학식으로 체계화하려는 움직임이 일어나면서 일본 철학은 독자적인 변화를 이루었다.

관련 용어의 관계를 한눈에!

철학 용어 정리

이 책에서 언급한 철학 용어와 철학자가 남긴 말 중
대표적인 것들을 소개한다.
관련 철학자와 관련 용어에 대해서도
알기 쉽게 관계를 정리했다.

대륙 합리론(大陸合理論)

철학 용어

태어날 때부터 지닌 이성을 인식의 원리라 규정하고 모든 확실한 지식은 이성에 근거하는 합리적인 논증으로부터 유도된다는 사상. 데카르트, 스피노자를 중심으로 전개되었다. ⇔ 영국 경험론

관련 철학자 ▶ **데카르트**(p.182), **스피노자**(p.184)

관련 용어 ▶ **독일 관념론**

도덕 법칙(道德法則)

철학자의 말

칸트가 주장한, 이성에 근거한 보편적 도덕 규칙. 도덕적 명령. 인간이 행동할 때 '○○를 바라면'이라는 감정으로 흐르면 행동은 모두 도덕적이 아닌 주관적인 것이 된다. 그러나 인간은 욕망을 버릴 수 없기 때문에 '도덕 법칙'은 순수한 명령의 성격을 띨 수밖에 없다. 이 명령을 '정언 명법'(p.251)이라고 한다. 또, 칸트는 도덕법칙에 따르는 것으로 '자유'(p.250)가 실현된다고 말했다.

관련 철학자 ▶ **칸트**(p.194)

관련 용어 ▶ **도덕, 정언 명법**

당신은 용기를 내서 상사에게 부당함을 고해야 해요.
스윽

공리주의(功利主義)

철학 용어

'행복'을 법과 총괄의 정당성의 원리라고 하는 정치·사회 사상. 19세기 영국에서 발달했다.

관련 철학자 ▶ **벤담**(p.200), **밀**(p.202)

관련 용어 ▶ **위해 원칙**

구조주의(構造主義)

철학 용어

인간 사회·문화의 바탕에 있고, 그것을 행하는 본인들도 명확히 자각하지 못하는 구조를 추출해 분석하는 학문. 문화인류학자 레비스트로스를 창시자로 하여 1960연대, 주로 프랑스에서 전개되었다. ⇔실존철학

관련 철학자 ▶ **레비스트로스**(p.228), **푸코**(p.230)

관련 용어 ▶ **포스트모던 사상**

기투(企投)

철학자의 말

항상 자신의 가능성을 향해 열려 있는 존재자, 즉 인간(현존재, 다자인Dasein)이 자기에게 어울리는 가능성을 자유롭게 추구하는 것. 반대말에 피투성(被投性, 기분)이 있다.

관련 철학자 ▶ **하이데거**(p.218)

니힐리즘(nihilism)

철학자의 말

기존의 가치와 권위로부터 근거가 사라져서 의심할 수 없는 진리의 존재에 대한 확신이 사라진 것. 진리와 초월적인 존재를 모두 부정하는 사상과 태도. 허무주의.

관련 철학자 ▶ **니체**(p.208)

관련 용어 ▶ **초인**

리바이어던(Leviathan)

철학자의 말

홉스가 쓴 국가론. 시민의 동의에 근거를 둔 국가를 구약성경 '욥기'에 등장하는 괴물 '리바이어던'에 비유해 주권자에게 절대적으로 복종하는 것의 중요성을 말했다.

관련 철학자 ▶ **홉스**(p.188)

관련 용어 ▶ **만인에 대한 만인의 투쟁**

리좀(rhizome, 뿌리줄기)

철학자의 말

그물코 모양으로 퍼지는 식물의 뿌리처럼 서로 관계없는 이질(異質)의 것들이 복잡하게 뒤얽혀 연결되는 모습을 나타낸다. 들뢰즈가 제시한 관계 맺기의 한 유형이다. 질서에 따라 세로 구조를 나타내는 '트리 구조'를 비판하기 위해 만들어졌다.

관련 철학자 ▶ **들뢰즈**(p.232)

마르크스주의

철학 용어

마르크스와 그의 협력자 엥겔스에 의해 확립된 사회주의 사상 체계의 하나. 세계의 혁신을 목적으로 하는 실천적인 사상으로 자본주의 사회를 프롤레타리아(p.253)와 부르주아(p.246)의 대립으로 인식, 프롤레타리아 계급의 승리를 통해 사회주의 사회로 이행해야 한다고 주장했다.

관련 철학자 ▶ **마르크스**(p.204)

관련 용어 ▶ **이데올로기**

독일 관념론(獨逸觀念論)

철학자의 말

18~19세기에 걸쳐 독일에서 발달한 체계적 철학관. 세계를 보편적인 이념에 의한 체계로서 구축해 파악하려는 태도를 갖는다. 칸트에 의해 대륙 합리론(p.242)과 영국 경험론(p.248)을 통일해 시작되었다. 독일 유심론.

관련 철학자 ▶ **칸트**(p.194), **헤겔**(p.196)

관련 용어 ▶ **영국 경험론, 대륙 합리론**

르상티망(ressentiment)

철학 용어

피지배자, 또는 약자가 지배자나 강자에게 품는 원한, 증오, 질투 따위의 감정. 약한 것, 욕망을 부정하는 것을 '선'이라 함으로써 굴절된 가치관을 만들어낸다. 니체가 제시한 개념. 기독교도관과 사회주의 운동의 근간에는 르상티망이 있다고 지적했다.

관련 철학자 ▶ **니체**(p.208)

관련 용어 ▶ **초인**

물자체(物自體)

철학자의 말

현상의 배후에 존재하는 본체, 기원. 칸트가 제시한 개념. 칸트에 따르면, 인간은 선천적으로 갖추고 있는 인식 능력을 통해 '세계=현실'을 인식한다. 그래서 물자체는 현상의 기원으로서 가정할 수는 있지만 인간에 의해 인식되지는 않는다.

관련 철학자 ▶ **칸트**(p.194)

관련 용어 ▶ **본질**

방법적 회의(方法的懷疑)

철학자의 말

데카르트가 진리에 도달하기 위해 이용한 의도적인 회의(懷疑) 방법. 조금이라도 불확실한 것은 모두 부정한 다음 절대적으로 의심할 수 없는 확실한 것을 찾는 태도. 이 철저한 회의를 통해 '나는 생각한다, 고로 나는 존재한다'는 철학의 제일 원리에 도달했다.

관련 철학자 ▶ **데카르트**(p.182)

만인에 대한 만인의 투쟁

철학자의 말

구조와 능력이 거의 같은 동등한 인간끼리 만나면 같은 대상(먹을 것, 물 등)을 둘러싸고 상호 불신이 일어난다. 이 불신이 북적거리는 상태를 '만인에 대한 만인의 투쟁'이라고 한다. 실제로 전투를 할 필요는 없다. 홉스가 주장했다. ⇔일반 의지

관련 철학자 ▶ **홉스**(p.188)

관련 용어 ▶ **리바이어던**

무의식(無意識)

철학자의 말

프로이트에 의한 심층심리학 개념. 의식적으로 제어할 수 없는 미지의 힘. 프로이트는 인간의 정신이 무의식에 통제된다고 주장해 이성을 중시하는 근대 철학에 충격을 주었다.

관련 철학자 ▶ **프로이트**(p.212)

관련 용어 ▶ **원초아, 자아, 초자아**

무지의 지(無知의 知)

철학자의 말

자신의 무지를 자각하는 것이 진정한 지(知)에 이르는 출발점이 된다는 소크라테스 철학의 기본을 이루는 사고방식.

관련 철학자 ▶ **소크라테스**(p.176)

관련 용어 ▶ **철학적 문답법**

(신의) 보이지 않는 손

철학자의 말

시장경제에서 경제 활동을 개인의 이기적인 행동에 맡기면 신의 손에 조종되듯이 최적의 부(富)의 분배가 달성된다는 사고방식. 애덤 스미스가 제시한 개념. 레세 페르(laissez-faire, 자유방임주의)라고도 한다.

관련 철학자 ▶ **애덤 스미스**(p.192)

본질(本質)

철학 용어

사물에 공통하는 의미. 각기 구체적으로 존재하는 개개의 사물에서의 공통성.

관련 철학자 ▶ **소크라테스**(p.176) **외 다수**

관련 용어 ▶ **문답법, 이데아, 에이도스(형상), 본질 직관, 물자체**

본질 직관(本質直觀)

철학자의 말

현상학에서 환원(p.253)이라는 사고방식의 근본, '자신이 어떻게 보이나, 어떻게 느끼나' 하는 개개의 확신으로부터 본질을 통찰하는 일. '본질 관취(本質觀取)'라고도 한다.

관련 철학자 ▶ **후설**(p.214)

관련 용어 ▶ **에포케, 환원**

부르주아(자본가)

철학 용어

자본주의 사회에서 기계 등의 생산수단을 보유하고 노동자 계급을 고용해 이익을 얻는 자본가 계급. ⇔프롤레타리아(노동자)

관련 철학자 ▶ **마르크스**(p.204)

범신론(汎神論)

철학 용어

세계의 모든 것(일체의 자연)은 신이며, 신과 세계는 하나라는 사상.

관련 철학자 ▶ **스피노자**(p.184)

변증법(辨證法)

철학자의 말

대화술, 문답술을 의미한다. 사물의 본질을 사색하는 방법으로 그리스 시대부터 이용되었는데 철학의 방법적 기초로서 헤겔이 발전, 정착시켰다. 대립하는 두 가지 사물 안에 있는 모순을 인식하고 차이를 극복(아우프헤벤 p.247)하여 보다 높은 단계로 나아가는 것.

관련 철학자 ▶ **헤겔**(p.196)

관련 용어 ▶ **아우프헤벤**

신념 대립(信念對立)

철학 용어

본질을 둘러싸고 서로 간에 동의가 성립하지 않아서 가치관의 대립이 일어나는 것. 예를 들면 로마 가톨릭과 프로테스탄트(개신교)의 신념 대립, 자유주의와 공산주의의 이데올로기 대립 등이 있다.

관련 용어▶ **본질**

실존철학(實存哲學)

철학 용어

보편적 진리를 추구해 온 19세기 이전의 철학과 달리 개인으로서의 인간의 입장을 중시해 '다른 누구도 아닌 나'의 존재를 탐구하는 철학. 인간의 본래적 모습을 주체적으로 추구하며 사는 '실존'의 확립을 목표로 한다. 키르케고르가 선구자. ⇔구조주의

관련 철학자▶ **키르케고르**(p.206), **하이데거**(p.218), **사르트르**(p.220)

관련 용어▶ **생의 철학**

심리철학(心理哲學)

철학 용어

마음의 작용과 성질, 물리적인 것과의 관계를 연구하는 철학. 가장 기본적인 주제는 마음과 몸의 관계성(심신문제)이다. 근대 이후 많은 철학자가 논했지만 지금도 견해는 일치하지 않는다. 마음과 몸은 별개라는 데카르트의 '심신이원론'(p.247)이 잘 알려져 있다. 현대에서는 생물학과 심리학 등의 발전으로 마음과 뇌의 작용은 일치한다는 '물리주의'(p.238) 입장을 취하는 연구자도 적지 않다.

관련 철학자▶ **설**(p.236), **처칠랜드**(p.238)

분석철학(언어철학)

철학 용어

인식과 사회가 아닌 언어에 주목한 철학. 논리학 시점에서 언어의 모호함과 의문을 해소하려 하는 분야. 19세기부터 유럽에서 전개되었다.

관련 철학자▶ **비트겐슈타인**(p.216)

관련 용어▶ **언어 게임**

사회계약설(社會契約說)

철학 용어

사회·국가는 그것을 구성하는 인원이 상호 계약(약속)하는 것을 근거로 성립한다는 이론. 정치권력의 정당성의 원리론으로 제시되었다. ⇔왕권신수설

관련 철학자▶ **홉스**(p.188), **루소**(p.190)

관련 용어▶ **일반 의지, 만인에 대한 만인의 투쟁, 리바이어던**

생(生)의 철학(생철학)

철학 용어

이성을 중시하는 합리주의 철학과 달리 인간의 의지와 직관을 중시해 삶을 유동적·비합리적인 것으로 파악하려 하는 사상의 흐름. 쇼펜하우어, 니체를 시작으로 19세기 후반~20세기 초반에 걸쳐 유럽에서 전개되었다.

관련 철학자▶ **쇼펜하우어**(p.198), **니체**(p.208)

관련 용어▶ **초인, 니힐리즘, 르상티망, 실존철학**

아우프헤벤(aufheben, 지양)

철학 용어

헤겔 변증법(p.245)의 기본 개념. 사물을 발전시키는 데 상반되는 복수의 요소가 대립하는 것은 피할 수 없다. 그 경우 부정된 요소를 모두 버리는 것이 아니라 실질을 보존해 보다 높은 단계로 조정하는 것. 복수의 요소가 대립을 통해 발전적으로 통일되는 것. 독일어로 '부정하다' '높이다' '보존하다'의 3가지 의미를 갖는다. '지양(止揚)'이라고도 한다.

관련 철학자 ▶ **헤겔**(p.196)

관련 용어 ▶ **변증법**

양심(良心)

철학적 의미가 담긴 말

도덕적으로 선악을 판단하는 태도. 칸트는 양심을 도덕 법칙이 알리는 '내면의 법정'이라고 부르며, 인간에게 좋은 행위에 대한 책임감을 주는 것이라고 했다. 헤겔은 양심을 개개인의 확신에 따라 '선(善)'을 이루는 것이라고 했다. 그리고 자유가 전개되는 과정의 최종 단계는 각각의 양심들이 서로를 양해하는 상태라고 했다. 또, 니체는 사랑할 수 없는 것에 의무감으로 관계하는 것은 '양심의 가책'에 불과해서 불만이 쌓인다고 말했다.

관련 철학자 ▶ **칸트**(p.194), **헤겔**(p.196), **니체**(p.208)

관련 용어 ▶ **도덕, 정언 명법**

언어 게임

철학자의 말

언어 활동을 자신과 타인의 대화 속에서 서로 공유하는 일정한 규칙하에 이루어지는 게임 같은 행위로 인식하는 개념. 언어가 객관적 사실을 정확히 모사한다는 종래의 언어관을 부정한다. 비트겐슈타인이 제시한 개념.

관련 철학자 ▶ **비트겐슈타인**(p.216)

심신이원론(心身二元論)

철학 용어

공간적인 넓이를 본질로 하는 물질(몸)과 사고를 본질로 하는 마음(정신)은 다른 질서에 속하는 독립된 실체라고 보는 데카르트의 사상. 이 생각을 토대로 근대 철학의 근간을 이루는 주관과 객관의 이원론이 확립되었다. 단, 물질과 마음 사이에 생기는 상호작용에 관한 근본적인 문제를 초래했다. 물심이원론이라고도 한다.

관련 철학자 ▶ **데카르트**(p.182)

관련 용어 ▶ **이원론**

스콜라 철학

철학 용어

중세 유럽에서 가톨릭 교회·수도원 학교(스콜라)를 중심으로 연구된 신학·철학의 총칭. 교회 교리의 학문적 근거를 체계적으로 확립하고자 기독교 사상을 아리스토텔레스를 중심으로 하는 고대 그리스 철학을 채용해 보강하려고 시도했다.

관련 철학자 ▶ **토마스 아퀴나스**

※신학자·철학자. 기독교 사상을 사용해 아리스토텔레스 철학을 옹호하며 '신의 존재 증명'으로 스콜라 철학을 대성시켰다.(1225~1274)

아르케(arkhē/arche)

철학 용어

그리스어로 '원리'라는 의미. 고대 그리스의 자연철학에서는 '시작'과 '기원' '만물의 근원'을 의미한다.

관련 철학자 ▶ **탈레스**(p.174)

관련 용어 ▶ **자연철학**

에피스테메(epistēmē)

철학자의 말

그 시대를 지배하는 인식의 무의식적 체계. 사고의 기초가 되는 것. 그리스어로 '엄밀한 지(知)'라는 의미인데, 푸코가 새로운 의미를 부여해 사용했다.

관련 철학자 ▶ **푸코**(p.230)

영국 경험론(英國經驗論)

철학 용어

직접 확인할 수 있는 경험이 인간의 인식을 성립시키는 원리라는 사고방식. 합리론이 주장하는 이성 생득설을 반대했으며 17~18세기 영국에서 발전했다. ⇔대륙 합리론

관련 철학자 ▶ **로크**(p.186)

관련 용어 ▶ **타불라 라사, 대륙 합리론, 독일 관념론**

왕권신수설(王權神授說)

철학적 의미가 담긴 말

왕의 통치권은 교회를 통하지 않고 신으로부터 부여받은 것으로, 그 권력은 신성하고 절대적이라는 사상. 유럽의 중세~근대 초기에 걸쳐 왕의 권력을 보강하는 역할을 맡았다. ⇔사회계약설

원초아(es, id)

철학자의 말

프로이트 정신분석학의 개념. 무의식하에 있으며, 쾌락(에로스)을 추구하는 충동의 원천이 된다. 자아(p.250), 초자아(p.252)와 함께 인격을 형성하는 요소 중 하나로 되어 있다.

관련 철학자 ▶ **프로이트**(p.212)

관련 용어 ▶ **자아, 초자아**

그럼 이런 말을 알고 있나요?
'아름다움에 대한 욕구는 아름다움 자체를 위해서가 아닌, 그것을 더럽힌 후에 기쁨을 느끼기 위함이다!'

에로티시즘(eroticism)

철학적 의미가 담긴 말

본래는 고대 그리스어로 '정신적인 사랑'이라는 의미. 바타유에 따르면, 성생활에서 인간만이 갖는 고유의 욕망으로, '금기의 침범'(p.97)을 동반하는 것. 생식에서의 자연의 목적(종의 보존·번영)과는 본질적으로 다르다.

관련 철학자 ▶ **바타유**(p.224)

에이도스(eidos, 형상)

철학자의 말

사물을 구성하는 본질. ⇔힐레(질료)

관련 철학자 ▶ **플라톤**(p.178), **아리스토텔레스**(p.180)

관련 용어 ▶ **이데아**

에포케(epochē, 판단 정지)

철학자의 말

그리스어로 '판단 정지'라는 의미. 후설이 현상학 용어로 사용했다. 환원(p.253)을 출발점으로 사물의 존재를 일시적으로 '괄호에 넣는(보류하는)' 작업을 가리킨다.

관련 철학자 ▶ **후설**(p.214)

관련 용어 ▶ **환원, 본질 직관**

이원론(二元論)

철학 용어

다른 두 가지 원리로 세계의 모든 사물을 설명하려고 하는 사고법. 빛과 어둠, 현상과 본체, 선과 악 등의 개념이 있다. 예를 들면, 물질과 정신을 별개의 것으로 하는 데카르트의 심신이원론(p.247)이다. ⇔일원론

관련 철학자▶**플라톤**(p.178), **데카르트**(p.182), **칸트**(p.194)

관련 용어▶**일원론, 심신이원론**

이항 대립(二項對立)

철학 용어

두 가지 개념이 모순 또는 대립 관계에 있는 구조. 또는 개념을 그런 식으로 둘로 나눈 것. 안과 밖, 남자와 여자, 주체와 객체 등 데리다가 논리적인 해체(탈구축, p.252)를 시도했다.

관련 철학자▶**데리다**(p.234)

관련 용어▶**탈구축**

인식 문제(認識問題)

철학 용어

인간(주관)이 사물의 본질(의식의 바깥쪽에 있는 것=객관)을 정확히 이해할 수 있을까? 그리고 그 이해가 정확한지 아닌지 증명할 수 있을까 하는 인식에 대한 문제. '주객일치의 문제'라고도 한다.

관련 철학자▶**데카르트**(p.182), **로크**(p.186), **칸트**(p.194), **후설**(p.214) **외**

관련 용어▶**영국 경험론, 대륙 합리론, 독일 관념론**

위해(危害) 원칙(harm principle)

철학자의 말

타인의 행복을 빼앗거나 타인이 행복을 얻으려는 노력을 저해하지 않는 한 모든 인간에게 행복을 추구할 자유(권리)가 있다는 사고방식. 밀이 제시한 개념.

관련 철학자▶**밀**(p.202)

관련 용어▶**공리주의**

이데아(Idea)

철학자의 말

그리스어로 '보이는 것, 모습과 형태'의 의미. 플라톤에 따르면, 세계 사물의 원형으로, 영원불변한 실재(實在)를 뜻한다. 현실의 사물은 이데아의 모방에 불과하고, 이데아는 순수한 사고에 의해서만 인식할 수 있다고 생각했다.

관련 철학자▶**플라톤**(p.178)

관련 용어▶**에이도스(형상), 힐레(질료)**

이데올로기(Ideology)

철학적 의미가 담긴 말

정치와 사회에 대한 신념, 태도, 의견 등이 체계화된 것. 자본주의와 사회주의의 대립을 비롯해 이데올로기는 필연적으로 대립을 초래한다. 마르크스는 헤겔 철학을 '독일 이데올로기'라 부르며 그 비현실성을 비판했다.

관련 철학자▶**마르크스**(p.204)

관련 용어▶**마르크스주의**

자연철학(自然哲學)

철학 용어

근대 과학이 성립하기 전 자연을 연구 대상으로 한 철학적 사상. 고대 그리스의 철학자 탈레스가 '아르케'(만물의 근원)를 찾은 것을 계기로 세계의 근본 원리를 탐구하는 학문으로 탄생했다. 철학의 기본적인 행위의 시작이기도 했다.

관련 철학자 ▶ **탈레스**(p.174)

관련 용어 ▶ **아르케, 형이상학**

자유(自由)

철학적 의미가 담긴 말

근대 이전에는 '자유'라는 개념은 존재하지 않았고 종교와 공동체로부터 주어진 규칙만 있었다. 근대 이후의 사람들은 신이 규칙의 원천이 아님을 자각, 자신들이 규칙을 만들려고 모색하는 과정에서 '자유'라는 관념이 나타났다. 칸트는 '자유'를 무조건 선(善)을 명령하는 도덕 법칙(p.242)에 따르는 것이라고 인식했다. 헤겔은 도덕 법칙을 부정했다. 사회적인 관계성 안에서 개인이 무엇을 선택해야 할지를 정하고 행하는 것이 '자유'가 실현된 상태라고 생각했다.

관련 철학자 ▶ **홉스**(p.188), **칸트**(p.194), **사르트르**(p.220) **외 다수**

일반 의지(一般意志)

철학자의 말

사회계약으로 성립한 공동체(국가)의 일원이 된 인민이 공공의 이익과 개인의 행복을 동시에 존중하는 것으로 생겨나는 집단적 의지. 루소의 국가론에 나타나는 중심 개념이다. ⇔만인에 대한 만인의 투쟁

관련 철학자 ▶ **루소**(p.190)

일원론(一元論)

철학 용어

어느 한 가지 원리로 세계의 모든 사물, 즉 전체를 설명하려는 사고방식. ⇔이원론

관련 철학자 ▶ **스피노자**(p.184)

관련 용어 ▶ **이원론**

자아(自我)

철학 용어

지각, 사고, 행동을 관장하는 주체이며 타인, 외부 세계와 구별해 의식되는 자기 자신을 이르는 말. 프로이트의 심층심리학에 따르면, 원초아(p.249)와 초자아(p.252) 사이에 있다.

관련 철학자 ▶ **칸트**(p.194), **프로이트**(p.212)

관련 용어 ▶ **원초아, 초자아**

절망(絶望)

철학자의 말

키르케고르가 저서 『죽음에 이르는 병』에서 제시한 개념. 인간은 제삼자, 즉 신에 의해 존재가 허용되어서 자신에게 관계하는 동시에 '단독자'로서 신에게 관계한다. 단순히 자신과 관계할 뿐인 경우, 자기 본래의 모습에서 멀어지며 그 상태를 '절망'이라고 불렀다.

관련 철학자 ▸ **키르케고르**(p.206)

철학적 문답법(哲學的問答法)

철학 용어

대화를 거듭해 각자의 주장이 갖는 모순과 일면성을 지적하고 검토해 공통하는 본질을 이끌어내기 위한 방법. 소크라테스가 이용했으며 산파술이라고도 한다.

관련 철학자 ▸ **소크라테스**(p.176)

관련 용어 ▸ **무지의 지**

정언 명법(定言命法)

철학자의 말

인간이 행동할 때 '아무튼 (무조건)~하라'고 호소하는, 보편적인 '도덕 법칙'(p.242)의 모습. 정언적 명령. 반대로 '만약 ○○를 바라면 ~하라'는 '가언 명법'(假言命法)은 어떤 목적을 실현하기 위한 수단에 불과하며 도덕 법칙이 될 수 없다. 칸트가 제시한 개념이다.

관련 철학자 ▸ **칸트**(p.194)

관련 용어 ▸ **도덕, 도덕 법칙**

탈구축(脫構築, deconstruction)

철학 용어

서양철학에서 전통적으로 사용된 이항 대립(p.249) 등의 틀을 해체하는 사고법. 유일 절대적인 진리로 여겨진 것을 비판하고 해체하려 했다. '디컨스트럭션'이라고도 하며 프랑스의 철학자 데리다가 주장했다.

관련 철학자 ▶ **데리다**(p.234)

포스트모던 사상

철학 용어

레비스트로스에 의한 구조주의(p.242) 이후 프랑스를 중심으로 나타난 사상. 반근대, 반보편주의의 입장이다.

관련 철학자 ▶ **푸코**(p.230), **들뢰즈**(p.232), **데리다**(p.234)

관련 용어 ▶ **에피스테메, 리좀, 탈구축, 구조주의**

프래그머티즘(도구적 진리관)

철학 용어

19세기 후반부터 미국에서 전개된 철학적 사상. 서양철학에 의한, 데카르트 이후의 인식론적 제도를 비판했다. 진리의 기준은 주관과 객관의 일치가 아니라 그것이 실용적인가, 아닌가에 있다고 했다. 행동을 중시한 실용주의.

관련 철학자 ▶ **제임스**(p.210)

초인(超人)

철학자의 말

기성 개념에서 벗어나 아무리 힘든 현실이 찾아와도 자신의 존재를 긍정하는 이상적인 인간. 니체가 저서 『차라투스트라는 이렇게 말했다』에서 삶에 대한 새로운 지침으로 제시한 말로 니체 철학의 근본 개념이다.

관련 철학자 ▶ **니체**(p.208)

관련 용어 ▶ **르상티망, 니힐리즘**

초자아(超自我)

철학자의 말

프로이트에 의한 심층심리학 개념. 원초아(p.249)에 의한 충동과 자아(p.250)의 작용을 억제하는 정신의 한 요소. 부모의 언행으로 감지하는 가치관 등을 반영한다. 양심·죄악감으로 바꿔 말할 수 있다.

관련 철학자 ▶ **프로이트**(p.212)

관련 용어 ▶ **원초아, 자아**

타불라 라사(tabula rasa, 백지)

철학자의 말

경험으로 관념을 획득하기 전의 영혼의 상태. 로크는 인간의 지성은 태어날 때부터 백지 상태라고 했다. 그리고 직접적인 지각이 인식의 기본적인 원리라고 생각했다. 라이프니츠가 로크의 경험론을 비판하면서 사용한 말.

관련 철학자 ▶ **로크**(p.186)

관련 용어 ▶ **영국 경험론**

회의론(懷疑論)

철학적 의미가 담긴 말

인간의 인식력은 주관적이고 불확실하다는 생각을 근거로, 객관적·보편적 진리를 인식할 수 있다는 가능성을 의심해 궁극적인 판단을 삼가는 태도.

관련 철학자▶ **흄**

※영국의 철학자. 인간의 의식에 주어진 것만을 탐구하여 인식의 구조를 찾으려 했다.(1711~1776)

힐레(질료, 質料)

철학자의 말

사물을 구성하는 재료. ⇔에이도스(형상)

관련 철학자▶ **아리스토텔레스**(p.180), **후설**(p.214)

프롤레타리아(노동자)

철학 용어

자본주의 사회에서 생산 수단을 갖지 않고 자신의 시간과 노동력을 자본가에게 파는 것으로 생활하는 노동자 계급. ⇔부르주아(자본가)

관련 철학자▶ **마르크스**(p.204)

형이상학(메타피지카, metaphysika)

철학 용어

사물이 존재하는 근거와 세계의 근본 원리(혼, 신, 세계 등)를 밝히려는 학문. 그리스어 '메타(뒤에)'와 '피지카(자연학)'의 합성어다. 어원은 아리스토텔레스의 강의록을 정리한 책에서 유래한다. 후세에 '초자연학'이라는 의미로 사용되었다.

관련 철학자▶ **아리스토텔레스**(p.180), **데카르트**(p.182)

관련 용어▶ **자연철학**

환원(還元)

철학 용어

현상학의 사고방식. '오감으로 지각·인식할 수 있는 것은 객관적으로도 존재한다'는 전제를 제거하고, 자신이 인식할 수 있는 것을 주관에 의해 나타나는 현상으로 재인식하는 것. '자신이 어떻게 보이는지, 어떻게 느끼는지'를 출발점으로 하여 지혜와 그것이 가져다주는 의미의 본질적인 요소를 인식하기 위한 태도 변경을 말한다. 후설이 제시한 개념이다.

관련 철학자▶ **후설**(p.214)

관련 용어▶ **에포케, 본질 직관**

주요 참고 도서

『読まずに死ねない哲学名著50冊』平原 卓(フォレスト出版)
『自分で考える練習』平原 卓(KADOKAWA)
『本質がわかる哲学的思考』平原 卓(KKベストセラーズ)
『哲学用語図鑑』『續 哲学用語図鑑』田中正人 著, 斎藤哲也 監修·編集(プレジデント社)
『ゼロからはじめる! 哲学史見るだけノート』小川 仁志 監修(宝島社)
『まんがで学ぶ 哲学入門』三井貴之 監修(宝島社)
『史上最強の哲学入門』飲茶 著(河出書房新社)
『西洋哲学史』今道友信 著(講談社)
『哲学は何の役に立つのか』西研, 佐藤幹夫 著(洋泉社)
『もういちど読む山川哲学―ことばと用語』小寺 聡 編集(山川出版社)
『図解でよくわかる ニーチェの哲学』富増章成 著(中経出版)
『ウィトゲンシュタイン「論理哲学論考」を読む』野矢茂樹 著(筑摩書房)
『はじめての構造主義』橋爪大三郎 著(講談社)
『AI vs. 教科書が読めない子どもたち』新井紀子(東洋経済新報社)

감수 히라하라 스구루(平原卓)

1986년 홋카이도에서 태어났다. 와세다대학교 문학연구과 석사과정을 수료(인문과학 전공)했다. 도쿄공예대학 비상근강사. 철학자. 고대부터 현대의 철학적 사상을 소개한다. 철학 해설 웹사이트 'Philosophy Guides'를 운영하고 있으며 난해한 철학 사상과 책을 알기 쉽게 해설해 많은 독자를 보유하고 있다. 저서에 『죽기 전에 꼭 읽어야 할 철학 명저 50권』(포레스트 출판, 『스스로 생각하는 연습』(KADOKAWA), 『본질을 이해하는 철학적 사고』(KK베스트셀러즈) 등이 있다.

만화·일러스트 유키하라 나리(柚木原なり)

만화가, 일러스트레이터. 사람의 정과 유대감이 느껴지는 스토리 구성에 뛰어나다. 좋아하는 철학자는 소크라테스, 좋아하는 말은 '무지의 지'다.

옮긴이 홍성민

성균관대학교를 졸업한 뒤 일본 교토국제외국어센터 일본어과를 수료했다.
옮긴 책으로는 <물은 답을 알고 있다> <세계사를 움직이는 다섯 가지 힘> <무서운 심리학> <아들러에게 배우는 대화의 심리학> <처음 시작하는 심리학> <처음 시작하는 연애 심리학> <처음 시작하는 외모 심리학> 외에 여러 권이 있다.

일본 제작 스태프

표지·본문 디자인 사카이 유카리(Q.design)
편집제작·집필 마쓰다 아키코
교정 세키네 시노 / 기구시 가쓰코

철학의 거장 33인에게 배우다!
쓸모 있는 철학

펴낸날 2020년 3월 20일 초판 1쇄 발행

감수자 히라하라 스구루
옮긴이 홍성민
펴낸이 김혜원
펴낸곳 (주) 우듬지
주 소 서울특별시 강남구 논현로 71길 12
전 화 02)501-1441(대표) | 02)557-6352(팩스)
등 록 제16-3089호(2003. 8. 1)

편집책임 한은선 디자인 이수연
ISBN 978-89-6754-101-9 03160

* 잘못 만들어진 책은 구입하신 곳에서 바꾸어 드립니다.
* 책값은 뒤표지에 있습니다.